Cimetière de Montmartre
Place du Tertre
Basilique du Sacré-Cœur
Rue Lepic
Place Emile-Goudeau
Bd de Clichy
Bd de la Chapelle
Gare du Nord
Rue Lafayette
Gare de l'Est
Bd de Magenta
Canal St-Martin
Opéra
Bd des Capucines
Bd Montmartre
Bd de Sébastopol
Bd St-Martin
Av de l'Opéra
Place Vendôme
Bibliothèque Nationale
Comédie-Française
Place de la République
Av de la République
Rue St-Honoré
Forum des Halles
Centre Georges-Pompidou
Bd Voltaire
Rue de Rivoli
Palais du Louvre
Pont-Neuf
Tour Saint-Jacques
Place des Vosges
Statue de Henri IV
Place du Châtelet
Hôtel de Ville
Quai des Orfèvres
Ste-Chapelle
St-Germain-des-Prés
Palais de Justice
Notre-Dame
Rue du Fauconnier
Place de la Bastille
Ile de la Cité
Ile Saint-Louis
Sorbonne
Palais du Luxembourg (Sénat)
Panthéon
Seine
Jardin du Luxembourg
Bd Saint-Michel
Gare de Lyon
Montparnasse
Gare d'Austerlitz

Inhaltsverzeichnis

* Es werden bei jeder Lektion nur die wichtigsten kommunikativen Ziele der Texte bzw. der Übungen *(E)* aufgeführt. Eine vollständige Übersicht über die Lernziele und ihre Wiederholung gibt das Lehrerbuch (Klettnummer 52283).

Die Texte, auf die sich die Hörverstehensaufgaben beziehen, sind auf der Lehrercassette (Klettnummer 522871) und im Lehrerbuch (Klettnummer 52283) verfügbar.

Zeichenerklärung

§§ Die bei den Übungen genannten Paragraphen verweisen auf das Grammatische Beiheft.

S Auf Schülercassette (Klettnummer 52287) verfügbare Stücke.

L Auf Lehrercassette (Klettnummer 522871) verfügbare Stücke.

Leçon 1

A Paris, c'est …

la Seine et ses ponts,

des bouquinistes,

des terrasses de café,

le canal St-Martin,

de vieilles maisons et
des bâtiments modernes,

des usines,

des marchés,

des grands magasins,

de petites places,

des cimetières,

de grandes places avec
beaucoup de voitures

et l'arrivée du tour de France.

B ... mais c'est aussi, bien sûr, ...

la tour Eiffel,

le centre Pompidou,

Montmartre,

les Grands Boulevards avec leurs cafés, leurs restaurants et leurs grands magasins,

le métro

et le musée du Louvre avec ses statues, ses tableaux …

B

1. A Paris *Faites des dialogues.*

Je ne comprends vraiment pas pourquoi … / Tu sais pourquoi …

1. … il y a des touristes qui ne prennent pas l'ascenseur pour monter à la tour Eiffel. / ?
2. … les peintres viennent souvent à la place du Tertre. / ?
3. … le balayeur des Grands Boulevards n'est pas content. / ?
4. … les touristes aiment le métro. / ?
5. … les touristes viennent voir la Joconde. / ?
6. … un cracheur de feu fait ce travail. / ?

Eléments à employer dans vos réponses:

- Eh bien, c'est parce que ….
- Oui, je le sais ….
- Moi non plus, je ne comprends pas, mais c'est peut-être parce que ….
- Non, je ne le sais pas.
- …

2. Le voyage de M. Schmidt

1. M. Schmidt a fait 600 km
2. Près de la gare de l'Est, il cherche un petit restaurant
3. Ensuite, il appelle un taxi
4. A l'hôtel, il paie 200 F
5. Puis, il prend le métro
6. Ensuite, il cherche le Louvre
7. Sur les Grands Boulevards, il achète un foulard de Pierre Cardin
8. Devant le centre Pompidou, il donne 20 F à un cracheur de feu
9. … Trois jours après, il vend son appareil photo

pour

manger quelque chose.
avoir une chambre calme.
pouvoir le prendre en photo.
voir la Joconde.
l'offrir à sa femme.
passer trois jours à Paris.
pouvoir rentrer en Allemagne.
aller à l'hôtel.
aller à la tour Eiffel.

a) *Racontez.* M. Schmidt a fait 600 km pour passer trois jours à Paris. Près de la gare de l'Est, il cherche un petit restaurant pour … *Continuez au présent.*

b) Après son voyage, M. Schmidt rencontre un ami:
- **J'ai vendu** mon appareil photo. Tu sais pourquoi?
  Eh bien, **j'ai fait** 600 km pour …. *Continuez au passé composé.*

3. D'où est-ce que tu viens? Où est-ce que tu vas? (§ 2)

2. Pierre: dentiste / Christine	3. M. et Mme Payot: centre Pompidou / Louvre	4. M. Brun: tour Eiffel / Montmartre
5. Mme Leconte: médecin / M. Rolland	6. M. et Mme Rochas: les Durand / hôtel	7. Nicole: bibliothèque / copine
8. Christine: collège / pharmacie	9. Gilbert et Véronique: cinéma / café	*Continuez la liste.*

a) 1. Marc **vient de** la M.J.C. Maintenant, il **va au** ....
   2. Pierre **vient de chez** le ....

b) *Faites les dialogues.*

1. – D'où est-ce que tu viens, Marc?
   – Je viens de la M.J.C.
   – Et où est-ce que tu vas maintenant?
   – Je vais au ....

2. – D'où est-ce que tu viens, Pierre?
   – Je viens de chez le ....
   – Et où est-ce que ...?
   – ...

4. Combien coûte ...? (§ 1)

M. Bonnefoi et sa femme veulent passer leurs vacances à Cannes. M. Bonnefoi téléphone à des hôtels de Cannes pour demander le prix des chambres.
Ensuite, il dit à sa femme:
– A l'Hôtel de France, la chambre coûte 100 F. Pour deux, le petit déjeuner coûte 30 F.
Sa femme lui répond:
– Pour trois jours, ça va donc nous coûter ... attends ... 390 F.

a) *Faites les dialogues.*

1. **Hôtel de France:** 100 F ☕ 15 F (3 j. = 390 F)	2. **Hôtel de Monaco:** 150 F ☕ 12 F (7 j. = 1218 F)	3. **Hôtel Vendôme:** 140 F ☕ 12 F (6 j. = 984 F)
4. **Hôtel Suisse:** 60 F ☕ 10 F (8 j. = 640 F)	5. **Hôtel de Paris:** 90 F ☕ 15 F (10 j. = ? F)	6. ... *Continuez.*

b) *A vous. Vous téléphonez à des hôtels de Paris pour demander le prix des chambres. Faites des dialogues.*

1

C Jörg à Paris

Après quinze jours de vacances à Poitiers, Jörg est allé à Paris avec son ami Pierre.

Paris, le 9 juillet

Cher Marc,

Nous avons quitté Poitiers hier après-midi et je n'ai pas eu le temps de te dire au revoir. Excuse-moi.

Nous voilà donc à Paris, Pierre et moi. Nous sommes chez les Perrier. Ils habitent à Montmartre, rue Lepic. M. Perrier est l'oncle de Pierre. Il est ouvrier chez Renault. Mme Perrier ne travaille pas en ce moment: elle est au chômage.

Hier, nous sommes arrivés à 7 heures du soir à la gare d'Austerlitz. Nous avons attendu 5 minutes, puis nous avons vu Nadine et Mme Perrier à la sortie du quai. Nadine, c'est la cousine de Pierre. (Elle a 14 ans et elle est t r è s sympathique.) Nous avons pris le métro et nous sommes tout de suite allés chez les Perrier.

Aujourd'hui, Mme Perrier a voulu nous montrer Paris. Bien sûr, nous sommes d'abord allés à la tour Eiffel. Mais quel monde devant l'ascenseur! Alors, nous sommes montés à pied, Pierre et moi. Nadine et sa mère sont restées en bas. De la terrasse du premier étage, on a une vue formidable sur Paris. J'ai fait des photos. 5 minutes après, Nadine est arrivée, par l'ascenseur, bien sûr. Nous avons regardé ensemble les voitures et les touristes en bas...et, tout à coup, le foulard de Nadine est tombé. J'ai essayé de l'attraper, mais trop tard...Vite, nous sommes descendus. Nous avons cherché, mais nous n'avons pas retrouvé le foulard, et Nadine a été triste tout l'après-midi.

Ensuite, nous avons fait une promenade en bateau sur la Seine. J'ai vu l'île de la Cité et Notre-Dame, les quais, les ponts et...des clochards. Une dame, derrière nous, a dit à son mari:

- Regarde, ces deux clochards, là, ils ont un bébé.
- Mais non, a répondu son mari, dans leur voiture d'enfant, ils ont leurs affaires et deux ou trois bouteilles de rouge.

Ce soir, nous sommes allés faire une petite promenade au Sacré-Cœur. M. Perrier est venu avec nous. Nous avons regardé les peintres, place du Tertre. Mais nous ne sommes pas rentrés trop tard, parce que M. Perrier commence à travailler très tôt le matin.

Et toi, qu'est-ce que tu fais à Poitiers? J'attends de tes nouvelles.

Bonjour à Chantal et à tes parents. Salut aux copains.

Amitiés. Jörg

C 1. Pierre et Jörg à Paris *Répondez aux questions.*

1. Est-ce que Pierre et Jörg sont venus en voiture ou par le train?
2. A quelle heure est-ce qu'ils sont arrivés?
3. Est-ce que les deux garçons sont allés à l'hôtel?
4. Où est-ce que Mme Perrier, Nadine, Pierre et Jörg sont d'abord allés le 9 juillet?
5. Est-ce que les garçons sont montés par l'ascenseur?
6. Est-ce que Mme Perrier est montée avec les garçons? Et Nadine?
7. Pourquoi est-ce que Jörg a fait des photos?
8. Le foulard de Nadine est tombé. Qu'est-ce que les amis ont fait alors?
9. Pourquoi est-ce que Nadine a été triste tout l'après-midi?
10. Qu'est-ce que les amis ont vu pendant leur promenade en bateau?
11. Qu'est-ce qu'ils ont fait le soir?
12. Pourquoi est-ce qu'ils ne sont pas rentrés tard?

2. Chez les Perrier (§ § 3, 4)

Le premier soir, pendant le repas, M. Perrier pose des questions.

a) *A qui est-ce que M. Perrier pose ces questions?*

1. Quand est-ce que vous avez quitté Poitiers?
2. Vous êtes arrivés à quelle heure?
3. Vous êtes allées chercher Pierre et Jörg à la gare?
4. Vous avez vu les garçons tout de suite?
5. Après, vous avez fait une promenade?
6. Tu n'es pas montée à la tour Eiffel avec les garçons?
7. Vous avez pris un taxi pour rentrer?
8. Tu es resté quinze jours à Poitiers?
9. Tu as parlé allemand avec Jörg?
10. Vous êtes déjà allés au Sacré-Cœur?
11. Tu es déjà venu à Paris?
12. Tu as montré la chambre à Jörg et Pierre?

Tu peux répondre:

- Cette question, M. Perrier la pose à ..., bien sûr. *ou:*
- Je ne sais pas. M. Perrier pose cette question à ..., peut-être.

b) *Donnez les réponses.*

3. Nadine a froid.

a) *Faites les dialogues. Exemple:*

1. *Nadine:* Je commence à avoir ....
   Mme Perrier: Alors, mets ....
   Nadine: Bonne idée! / Tu as raison. / D'accord. / ....
   (Je vais tout de suite mettre ....)

b) – Qu'est-ce que Mme Perrier a dit à Nadine?
   – Elle lui a dit de mettre ....

4. Questions (§ § 3–5)

Un camarade te pose une question avec un des verbes donnés. Tu lui réponds. Emploie le passé composé.

> *Exemple:* parler à un Français
> *Question:* Tu as déjà parlé à un Français? / Tu n'as jamais parlé à un Français?
> *Réponse:* Oui, ... / Non, ... / Si, ...

1. parler à un Français
2. être très malade
3. aller à Paris
4. monter au Sacré-Cœur
5. voir un cracheur de feu
6. descendre de la tour Eiffel à pied
7. rentrer à la maison après minuit
8. entrer dans une discothèque
9. vouloir quitter le collège
10. vendre quelque chose au marché aux puces
11. tomber du lit
12. avoir peur d'un chien
13. venir au collège sans ses devoirs
14. attendre trois heures chez le médecin
15. rester 24 heures sans manger
16. tenir une raquette de tennis

5. A vous. Faites l'interprète.

M. Schulz est à Paris pour trois jours. Il veut aller voir les Lacoste, qui habitent 23, rue Lepic. M. Schulz parle à la concierge. Mais la concierge ne comprend pas l'allemand. Alors, elle appelle Jörg.

M. Schulz: Ich suche die Familie Lacoste.
Jörg: Ce monsieur cherche la famille Lacoste.
La concierge: Les Lacoste? Ils n'habitent plus ici.
Jörg: ...
M. Schulz: Bitte frage, wo die Lacoste jetzt wohnen.
Jörg: ...
La concierge: Attendez, j'ai leur adresse. Je vais la chercher.
Jörg: ...

La concierge revient.

La concierge: Alors, ils habitent à Sarcelles, 17, résidence des Lilas. J'ai aussi leur numéro de téléphone. Je les appelle pour vous? Pour leur dire que vous êtes ici?
Jörg: ...
M. Schulz: Das ist eine gute Idee. Dann sagen Sie bitte, daß Herr Schulz aus Kassel in Paris ist. Ich möchte den Lacoste Guten Tag sagen.
Jörg: ...

La concierge rentre dans son appartement et téléphone aux Lacoste. Puis elle revient.

La concierge: J'ai Mme Lacoste à l'appareil. Elle vous demande de venir ce soir à 7 heures. Son mari rentre à 6 heures 30. Elle veut savoir si cela vous va.
Jörg: ...
M. Schulz: Um 7 Uhr? Einverstanden.
Jörg: ...
La concierge: Attendez. Je vais le dire à Mme Lacoste.
Jörg: ...

La concierge revient.

M. Schulz: Danke schön, madame, und auf Wiedersehen.
La concierge: Qu'est-ce qu'il dit?
Jörg: ...
M. Schulz: Danke, daß du mir geholfen hast. Ein Glück, daß mein Freund Lacoste Deutsch spricht.

„ . . . wie Musik in meinen Ohren!"

Der Klang der französischen Sprache: Für viele beinah' schon Musik. Wie Franzosen wirklich sprechen, hörst Du auf der Cassette zu Echanges. Die ist nicht nur prima fürs Verstehen, sondern auch für eine gute Aussprache: Erst zuhören, dann nachsprechen und schon bald selbst den richtigen Ton treffen.

Die Compact-Cassette zu Echanges: Eine Anschaffung, die sich lohnt, weil sie die Buchtexte ideal begleitet. Deshalb am besten gleich bestellen.

BESTELLKARTE

Ich bestelle (für meinen Sohn, meine Tochter) zur sofortigen Lieferung per Nachnahme: (Gewünschtes bitte ankreuzen)

☐ **Etudes Françaises – Echanges, Edition longue 2**
Comp.-Cass. für den Schüler **52287** 29,90 DM ⊛

☐ **Chansons d'aujourd'hui**
Compact-Cassette **59709** 29,90 DM ⊛

☐ Textheft zu
Chansons d'aujourd'hui **59708** 11,90 DM

⊛ unverbindliche Preisempfehlung.

Lieferung durch jede Buchhandlung oder, zuzüglich der Portokosten, per Nachnahme vom Ernst Klett Verlag.

Stand 1989, Preise freibleibend.

Dieser Abschnitt gilt als Versandadresse.
Bitte deutlich schreiben.

Name

Straße

PLZ Ort

Die Compact-Cassette zu Echanges, Edition longue 2

Verzeichnis der Texte:

Seite 1

Leçon 1 – Texte A Paris, c'est . . .
Leçon 1 – Texte B . . . mais c'est aussi, bien sûr, . . .
Leçon 1 – Texte C Jörg à Paris
Leçon 2 – Texte A Les chats de Montmartre
Leçon 2 – Texte B Une camionnette verte
Leçon 2 – Texte C La cave
Leçon 3 – Texte A Faisons des crêpes
Leçon 3 – Texte B Caroline et Bruno font des crêpes
Leçon 3 – Texte C Au téléphone
Leçon 3 – <Chanson: Meunier, tu dors.>
Leçon 4 – Texte A A la poste
Leçon 4 – Texte B Attention au départ!
Leçon 5 – Texte A La SNCF propose . . .
Leçon 5 – Texte B A la ferme
Leçon 6 – Texte A Je roule pour vous.
Leçon 6 – Texte B Rien à déclarer?
Leçon 7 – Texte A Un déjeuner en famille

Seite 2

Leçon 7 – Texte B Un dîner au restaurant
Leçon 8 – Texte A Les camarades de Noëlle
Leçon 8 – Texte B Les points jaunes . . .
Leçon 8 – Texte C . . . et les points rouges
Leçon 9 – Qui est-ce qui a fait le coup?
Leçon 10 – Texte A Le château de Beynac
Leçon 10 – Texte B Robert de Beynac: première partie
<Chansons et poèmes>
Perfectionnement – Leçon 2 Le portefeuille
Perfectionnement – Leçon 4 A la banque
Perfectionnement – Leçon 7 Le chômage (article de revue)
Perfectionnement – Leçon 10 Le 14 Juillet

Bitte als Postkarte freimachen

Antwort

Ernst Klett Verlag Stuttgart
Abt. Information und Beratung
Expeditionslager
Postfach 1170

7054 Korb

OA 2532 (4/89)

La légende de saint Denis

La colline de Montmartre, avec le Sacré-Cœur

La basilique de St-Denis

Vous êtes à Montmartre. Vous avez visité le Sacré-Cœur et la place du Tertre.
Maintenant, vous voulez aller à la basilique de St-Denis.
Eh bien, dans le métro, pensez à cette histoire.

Au troisième siècle après Jésus-Christ, la France est une province romaine.
Elle s'appelle «la Gaule». Beaucoup de Gaulois sont contents d'être des citoyens romains et ils croient aux dieux de Rome.
Mais, en Gaule et dans les autres provinces, il y a aussi des hommes et des femmes qui ne veulent pas sacrifier aux dieux romains.
Ils disent qu'il y a seulement un dieu et que son fils est le Christ.
Ce sont les chrétiens.
A cette époque, Paris est encore un petit village qui se trouve sur une île de la Seine (aujourd'hui, l'île de la Cité). Le village porte le nom de Lutèce.
Un jour, en 272, beaucoup d'hommes et de femmes de Lutèce sont allés près d'une colline, à quelques kilomètres du village.
Là, sur une place, ils regardent un homme. C'est Denis, le premier évêque des chrétiens de Lutèce. Un juge romain lui parle:
– Je te demande pour la dernière fois: veux-tu sacrifier aux dieux romains?
– Non, répond l'homme. Mon dieu est le vrai dieu.
Quelques minutes plus tard, on coupe la tête à l'évêque.

La tête tombe. Les spectateurs voient alors Denis prendre sa tête et commencer à marcher. Ils sont tellement surpris qu'ils ne bougent pas. L'évêque fait encore quelques kilomètres, puis il tombe mort. Une chrétienne le trouve et l'enterre. Les hommes et les femmes qui ont vu le miracle pensent alors que Denis a raison et que son dieu est le vrai dieu. Ils deviennent chrétiens. Plus tard, Denis devient saint Denis et on commence à appeler la colline où les Romains lui ont coupé la tête: le «mont des Martyrs» (aujourd'hui Montmartre). Là où la chrétienne a enterré le saint, il y a, maintenant, une basilique, la basilique de St-Denis. Beaucoup de touristes la visitent: non seulement parce que c'est la première église gothique française, mais aussi parce que, du septième au dix-huitième siècle, on a enterré les rois de France à St-Denis.

Dans la basilique de St-Denis: le tombeau de Dagobert, roi des Francs de 629 à 638

Compréhension orale – Une interview

Ecoutez le texte.

a) *Répondez aux questions.*
1. Où est-ce que le reporter pose ses questions?
2. Le reporter parle à un monsieur. Est-ce que ce monsieur est un touriste?

b) *Lisez ces phrases, puis écoutez le texte une deuxième fois.*
Dites ensuite si c'est juste ou faux. Quand c'est faux, corrigez la phrase.
1. Le monsieur aime beaucoup le centre Pompidou.
2. Il n'est jamais allé au Louvre.
3. Il sait que la Joconde est un tableau.
4. Il est souvent monté à la tour Eiffel.
5. La place du Tertre lui plaît beaucoup.
6. Il n'a jamais visité Notre-Dame.
7. Il est de Strasbourg.
8. Il aime visiter Paris.

Leçon 2

A Les chats de Montmartre

1. Les Perrier habitent un appartement, rue Lepic, à Montmartre. Jörg et Pierre ont une petite chambre sous le toit, avec une très belle vue sur Paris.

Vendredi après-midi, Jeanne, l'amie de Nadine, est venue dire bonjour et les quatre jeunes ont pris le thé ensemble.

2. *Jeanne:* A propos, Mistigris, le chat de ma grand-mère, n'est plus là. Lundi soir, il est sorti comme toujours, mais il n'est pas revenu.

Pierre: Ça alors! Et ta grand-mère, qu'est-ce qu'elle a dit?

Jeanne: Elle est triste, tu penses! Elle l'aime, son Mistigris. Il est déjà vieux, mais il faut la comprendre; pour elle, c'est comme un vieil ami.

Nadine: (Elle sort de la cuisine avec un plateau.) Qu'est-ce que tu dis? Nous aussi, nous avons perdu notre chat. Maman a mis une annonce dans le journal.

Jörg: Et alors?

Nadine: On n'a pas encore eu de réponse. Moi, je pense que quelqu'un nous a volé notre chat. Vous savez, un beau chat comme Flibustier ...

Jeanne: Oui, c'est un bel animal, comme notre Mistigris ... Est-ce que vous avez raconté ça à la concierge?

Nadine: Oui, mais nous avons une nouvelle concierge. Et Montmartre, c'est un nouveau quartier pour elle. Elle n'a pas pu nous répondre.

Jeanne: Bon. Alors, on va demander à l'épicier. Peut-être qu'il a entendu parler de nos chats. Tu sais, Jörg, son magasin, c'est un centre de rencontre pour le quartier.

3. Alors, les amis sont allés voir l'épicier. Il n'a pas pu leur donner de nouvelles de leurs chats, mais il leur a raconté une chose curieuse: deux autres de ses clients ont aussi perdu leur chat.

Cette nuit-là, les amis n'ont pas bien dormi.

B Une camionnette verte

1. Samedi matin, la concierge est montée chez les Perrier avec les «Nouvelles de Montmartre», le journal du quartier, et elle a montré un article à Nadine.

Voleur de chats à Montmartre

La police recherche un voleur de chats. C'est un homme de 40 à 45 ans, grand, les cheveux blonds, les yeux bleus. Il porte des lunettes. On l'a vu dans une vieille camionnette verte. La police pense qu'il vole les animaux pour les vendre ensuite à des laboratoires.

Nadine: Oh! Flibustier et Mistigris dans un laboratoire!
Pierre: Ecoutez, on va essayer de retrouver ce voleur et sa camionnette verte.

2. Alors, les quatre amis sont partis à la recherche du voleur. Ils ont cherché pendant toute la journée; ils ont regardé sur tous les parkings, et Jörg a photographié toutes les camionnettes vertes. Mais ils n'ont pas vu le voleur.

3. Alors, les jeunes rentrent. Ils passent devant une vieille maison et, tout à coup, ils entendent des chiens. Ils vont voir et lisent sur la porte: «M. Bonneau, pension pour chiens». Nadine ouvre la porte et entre dans une cour où elle voit une camionnette verte. Elle appelle les autres. Jörg prend une photo de la voiture. Tout à coup, on entend un miaulement. Ça vient de la maison, de la cave. Les quatre amis trouvent une petite fenêtre. Ils regardent. Et qu'est-ce qu'ils découvrent dans le noir? Douze ou quinze chats dans des cages. Les amis ne disent rien. Ils ont compris. Ils filent à la police.

C La cave

1. *Jeanne:* Bonjour, monsieur l'inspecteur. C'est pour vous dire qu'on a peut-être découvert le voleur de chats.

L'inspecteur: Ah bon? Où ça?

Jörg: Dans la pension pour chiens, derrière la place Emile-Goudeau.

L'inspecteur: Tiens, tiens! Avez-vous vu les chats?

Pierre: Oui, mais avec difficulté, parce qu'ils sont dans une cave, mais on les entend très bien.

Jörg: Et puis, il y a une vieille camionnette verte dans la cour. J'ai fait des photos. Voulez-vous mon film?

L'inspecteur: Formidable! Je vais vite prendre vos noms et adresses; après ça, on va aller voir ce monsieur.

Nadine: Ça, c'est mon amie Jeanne Lemaître, et moi, je m'appelle Nadine Perrier. Toutes les deux, on habite rue Lepic, moi au 23, elle au 18.

Pierre: Moi, je suis Pierre Roussel, de Poitiers. Et voilà mon copain allemand. Il s'appelle Jörg Lenz. Nous sommes en vacances chez les Perrier.

L'inspecteur: Très bien, merci. Alors, on y va?

2. Une demi-heure après, la police a pu arrêter le voleur de chats. A côté de son téléphone, on a trouvé le numéro des Laboratoires Denfer. Les amis sont descendus dans la cave, et là, ils ont retrouvé Flibustier et Mistigris.

3. Le soir, ils ont rendu Mistigris à la grand-mère de Jeanne. Toute la famille a été heureuse de le revoir. Grand-mère a pleuré de joie.

Deux jours plus tard, il y a eu un article sur Nadine et ses amis dans les «Nouvelles de Montmartre», avec une des photos de Jörg. La S.P.A. leur a écrit une lettre pour leur dire merci. Mais les Laboratoires Denfer travaillent toujours.

2

A 1. Jörg et Pierre à Montmartre

1. *Un de tes camarades a dit:* – Les Perrier habitent ∿∿∿∿.
Tu n'as pas bien entendu.
Alors, tu lui demandes: – **Où est-ce que** les Perrier habitent?
Ton camarade te répond: – (Ils habitent) rue Lepic, à Montmartre.

2. ∿∿∿∿ est venue vendredi après-midi.
3. Les quatre jeunes ont pris ∿∿∿∿ ensemble.
4. Ensuite, Jeanne parle de ∿∿∿∿.
5. La grand-mère de Jeanne est triste parce que ∿∿∿∿.
6. Mme Perrier a mis une annonce dans ∿∿∿∿.
7. Nadine pense que ∿∿∿∿.
8. Les Perrier ont raconté ça à ∿∿∿∿.
9. Les amis ∿∿∿∿ l'épicier.
10. L'épicier a raconté aux amis que ∿∿∿∿.
11. Cette nuit-là, les amis n'ont pas bien dormi parce qu' ∿∿∿∿.

2. Devant un magasin (§ 6)

a) *Faites les dialogues.*
b) Mme Bernard est devant le magasin avec ses deux filles, Marianne et Monique. Elle dit:
– Ecoutez, Marianne et Monique, je vais vous acheter des **nouveaux** pulls.
Vos **vieux** pulls, ... *Continuez le dialogue.*

B 1. A la recherche du voleur (§ 7) *Complétez par* tout.

1. Les quatre amis ont cherché pendant ... journée. 2. Ils ont cherché dans ... quartier.
3. Ils ont regardé sur ... parkings et dans ... cours. 4. Ils sont allés dans ... rues.
5. Jeanne a parlé à ... épiciers. 6. Jörg a photographié ... camionnettes vertes.
7. Il a fait des photos pendant ... après-midi et pendant ... soirée.
8. Nadine a parlé à ... ses copines. 9. Pierre a bien regardé ... hommes de 40 à 45 ans.
Mais il n'a pas vu le voleur.

2. Montmartre en photos (§ 7)

Nadine à sa mère: ① Jörg a photographié **toutes les** places de Montmartre. / ② … **tous les** ….
Jörg: Qu'est-ce que tu racontes? / Ne raconte pas d'histoires! / Mais non!
J'ai photographié des places, d'accord,
mais pas toutes les places de Montmartre!
Faites les dialogues.

3. Nos amis les chats (§ 8)

Complétez par les verbes donnés, au présent.

comprendre	– Vous savez, monsieur, ma chatte Minouche, elle n'est pas bête. Elle … tout. – Eh oui, madame, ces animaux nous … ! Prenez mes deux chats:
savoir	ils … très bien qu'ils ne peuvent pas voler chez moi, alors ils vont voler chez la voisine. – Minouche … toujours où j'ai mis son manger.
sortir, vouloir	Elle peut aussi ouvrir la fenêtre de la cuisine. Comme ça, elle … et rentre quand elle …. – Mes chats aussi … quand ils …, parce que la fenêtre de la cave est toujours ouverte.
partir	Est-ce que Minouche … aussi tous les soirs? – C'est ça, à 11 heures, avec vos chats. Ils … toujours ensemble.
entendre	Elle les …, je pense. – Oui, les chats … très bien.
revenir	– Et tous les matins, à 10 heures, elle …. – Alors, ils ne … pas ensemble. Mes chats arrivent à 4 heures du matin.
dormir	Je les entends, parce que, vous savez, moi, je ne … pas beaucoup. – Moi non plus. Mais les chats, qu'est-ce qu'ils … ! Minouche passe toute la journée sur son fauteuil.
perdre	Mais alors, pardon! Quand je prépare son manger, elle est là. Elle ne … pas une minute! – Mes chats aussi. A l'heure du repas, ils ne me … pas de vue;
	ils me regardent tout le temps. Et quel miaulement! – Eh oui, c'est ça, les chats! Mais qu'est-ce que vous voulez, ce sont nos amis!

4. Une histoire de clé (§ 8) *Complétez par les verbes en italique, au passé composé.*

Mme Michèle, la concierge de la maison où habitent les Perrier, parle avec Mme Dulon, qui travaille à l'Hôtel Lepic. Il est 6 heures et quart du matin.

1. *Mme Michèle:* Bonjour, madame. Vous *êtes* déjà au travail?
   Mme Dulon: Oui, j'… au marché à 6 heures déjà.
2. *Mme Michèle:* Comment? Vous *sortez* toujours à cette heure-là?
   Mme Dulon: Non. Mais ce matin, je … à 5 heures et demie.
3. *Mme Michèle:* Vous ne *dormez* pas bien?
   Mme Dulon: Cette nuit, tout le monde … très peu … chez nous.
   Nos clients de Marseille qui *reviennent* tous les ans ont encore fait du bruit.
4. *Mme Michèle:* Oui, j'ai vu qu'ils … .
   Est-ce qu'ils *passent* toujours les nuits au café?
   Mme Dulon: Oui, oui. Ils … encore … toute cette nuit à boire.
5. *Mme Michèle:* Et on les *entend* quand ils *rentrent!*
   Mme Dulon: Ah ça, oui! Vous … ce bruit quand ils … à 4 heures, ce matin?
   C'est toujours comme ça: le soir, je leur donne la clé de l'hôtel,
   et ils la *perdent.* Alors, ils sonnent.
6. *Mme Michèle:* Ce sont peut-être vos clients de Marseille qui … cette clé? Tenez, la voilà.
   Quand ils sont là, je *découvre* tous les matins quelque chose devant ma porte.
   Mme Dulon: Tiens, tiens! Alors vous … notre clé devant votre maison?
   Ne me dites pas qu'ils *essaient* d'entrer chez vous!
7. *Mme Michèle:* Si. Ce matin, ils … d'ouvrir la porte. Puis, ils ont sonné.
   Je leur ai montré leur hôtel. Et là, un des hommes m'a dit: «Dites, ma petite dame, vous nous *écrivez* l'adresse de l'hôtel, s'il vous plaît?»
   Mme Dulon: Et alors là, vous lui … notre adresse sur sa chemise? C'est ça?
8. *Mme Michèle:* Eh oui! A propos, quand est-ce qu'ils *partent?*
   Mme Dulon: Oh, ils ne sont plus là. Ils … à 6 heures en taxi.

5. A vous *Qui est-ce? Jouez.*

– C'est un garçon?
C'est une fille? – *Oui./Non.*
Il / Elle a les cheveux blonds / bruns / noirs / … ?
a les cheveux courts / longs?
a les yeux bruns / bleus / verts / gris / noirs?
porte des lunettes?
est grand(e) / petit(e) / … ?
aime jouer à / de … ?
aime faire de … ?

Alors, c'est Thomas / Brigitte / … ?

C 1. Pierre raconte …

Samedi soir, les quatre amis ont rendu Mistigris à la grand-mère de Jeanne.
Puis, Pierre a raconté à M. Perrier comment ils ont découvert les chats.

Eh bien, voilà, oncle Albert:
nous avons cherché toute la journée ….

Faites le dialogue.

- Ah bon?
- Et ensuite? / Et après?
- Où ça?
- Comment ça?
- Tiens, tiens!
- Ça alors!
- Eh bien, dis donc!

2. Posons des questions. (§ 9)

Tu passes quinze jours en France chez ton ami(e) français(e).
Un soir, vous allez chez un de ses copains.

a) *Le copain te pose des questions.*

Le copain:	– Quel âge est-ce que tu as? / Tu as quel âge?
Toi:	– J'ai … ans.

Il te demande aussi …
1. … comment tu t'appelles;
2. … où tu habites;
3. … si c'est une grande ville;
4. … si tu as des frères et sœurs;
5. … en quelle classe tu es;
6. … si tu es déjà venu(e) en France;
7. … quand tu penses revenir en France;
8. … si tu as déjà pris l'avion.

b) *Maintenant, tu poses des questions au père du copain.*

Toi:	– De quelle ville est-ce que vous êtes? / De quelle ville êtes-vous?
Le père:	– Je suis de ….

Tu lui demandes aussi …
1. … où il travaille;
2. … à quelle heure il commence le matin;
3. … quand il rentre le soir;
4. … s'il est déjà allé en Allemagne;
5. … s'il a déjà pris l'avion;
6. … comment il trouve la nouvelle Renault;
7. … s'il aime le football;
8. … quel journal il lit.

3. A vous

a) *Formez trois groupes.*
1er groupe: Relisez le texte A de «Alors, les amis sont allés voir l'épicier.» *à* «deux autres de ses clients ont aussi perdu leur chat.», *puis faites un dialogue entre les quatre amis et l'épicier.*
2e groupe: Relisez le texte B de «Alors, les jeunes rentrent.» *à* «Ils filent à la police.», *puis faites un dialogue entre les quatre jeunes.*
3e groupe: Relisez le texte C de «Une demi-heure après, la police a pu arrêter le voleur de chats.» *à* «… ils ont retrouvé Flibustier et Mistigris.», *puis faites un dialogue entre les quatre amis.*

b) *Jouez les scènes.*

Le portefeuille

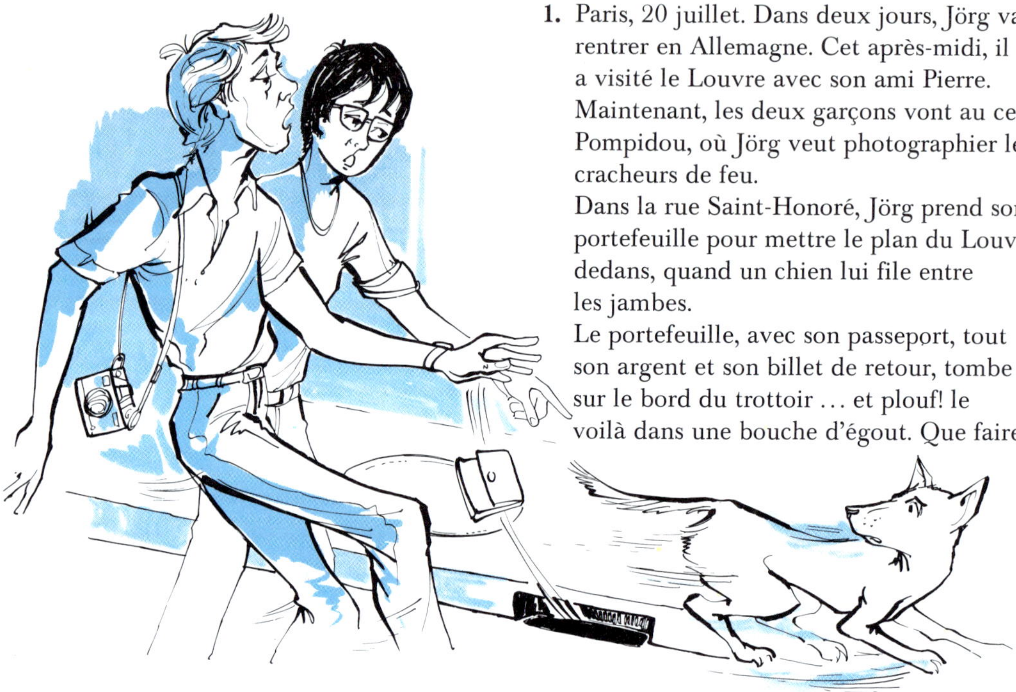

1. Paris, 20 juillet. Dans deux jours, Jörg va rentrer en Allemagne. Cet après-midi, il a visité le Louvre avec son ami Pierre. Maintenant, les deux garçons vont au centre Pompidou, où Jörg veut photographier les cracheurs de feu.
Dans la rue Saint-Honoré, Jörg prend son portefeuille pour mettre le plan du Louvre dedans, quand un chien lui file entre les jambes.
Le portefeuille, avec son passeport, tout son argent et son billet de retour, tombe sur le bord du trottoir ... et plouf! le voilà dans une bouche d'égout. Que faire?

2. Les deux amis vont tout de suite au commissariat du quartier, rue des Bons-Enfants, et racontent l'histoire à un inspecteur.

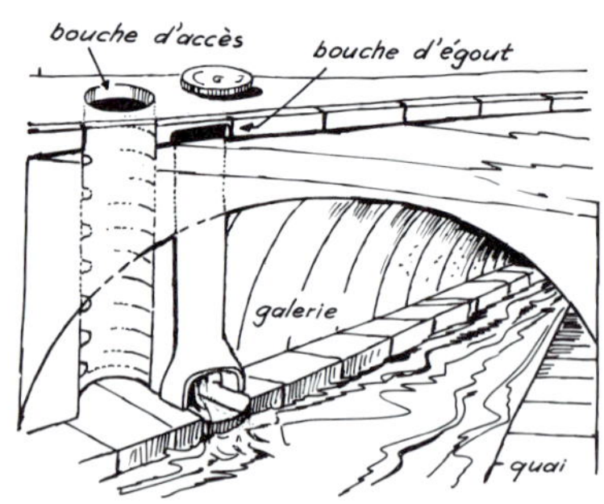

Pierre: Qu'est-ce qu'on peut faire pour Jörg, monsieur? C'est une catastrophe!

L'inspecteur: Vous avez encore une petite chance. Attendez, je vais vous faire un dessin. Regardez: sous les rues de Paris, il y a des égouts. Ce sont des grandes galeries: vous avez le canal de l'égout au milieu, et puis deux quais.
Bon. Le portefeuille a pu tomber sur le quai; en ce cas, pas de problème! les égoutiers vont le retrouver.
Mais il a pu aussi tomber dans le canal, et alors là, il est vraiment perdu.
Dites, il est tombé devant quel numéro de la rue Saint-Honoré?

Jörg: Ça, je ne sais pas. Mais je peux vous montrer où c'est.

L'inspecteur: Bon. Ecoutez, je vais téléphoner aux égoutiers, et vous allez tout leur expliquer. D'accord?

3. Une heure après, les garçons et deux égoutiers vont au 82 de la rue Saint-Honoré, où le portefeuille est tombé. Sur le trottoir, devant le numéro 76, les égoutiers ouvrent une bouche d'accès, et un des deux hommes commence à descendre dans le trou noir.

Jörg: S'il vous plaît, monsieur, est-ce qu'on peut descendre avec vous?

L'égoutier: Vous savez, c'est interdit.

Pierre: Oh, monsieur, vous pouvez bien faire une exception, non?

L'égoutier: Bon, d'accord. Mais faites très attention, hein? Ça glisse là-dedans. Emile, tu peux leur donner ta lampe, s'il te plaît?

4. Jörg et Pierre descendent alors sous terre. Ils trouvent une galerie grande comme un tunnel de métro, avec, au milieu, l'eau noire de l'égout.
Ils marchent derrière l'égoutier. Tous les cinq ou six mètres, ils voient un numéro sur le mur de la galerie. L'égoutier leur dit que ce sont les numéros des maisons et que les galeries portent le nom des rues. L'homme et les deux garçons arrivent devant le «numéro 82 de la rue Saint-Honoré».
Et là, sur le quai, ils découvrent le portefeuille … mais très près du bord.

L'égoutier: Eh bien! on peut dire que vous avez eu de la chance!

Jörg prend vite son portefeuille, et danse de joie.

L'égoutier: Hé, hé! pas de bêtises!

Jörg: Non, non, monsieur. Vous savez, je suis tellement content! Merci pour le portefeuille! Merci beaucoup!

Pierre: Formidable, ces égouts!

L'égoutier: Oui. Vous pouvez les visiter le lundi et le mercredi de 14 heures à 17 heures. L'entrée est place de la Résistance, sur le quai d'Orsay. Bon, et maintenant, on remonte!

a) *Lisez le texte, puis répondez aux questions.*
   1. Pourquoi est-ce que Jörg et Pierre vont au commissariat?
   2. Pourquoi est-ce que Jörg a encore une petite chance de retrouver son portefeuille?
   3. Pourquoi est-ce qu'il faut faire attention quand on va dans les égouts?
   4. Pourquoi est-ce que Jörg danse de joie?

b) *Relisez le texte, puis trouvez un titre pour chaque paragraphe.*
   Ecrivez les titres au tableau. Exemple: 1. Le portefeuille de Jörg dans une bouche d'égout.

c) *Regardez les titres et résumez le texte au présent:* «Jörg et Pierre sont dans la rue Saint-Honoré …»

Compréhension orale – Sur l'escalier du Sacré-Cœur

Ecoutez le texte.

a) *Répondez aux questions.*
   1. A qui est-ce que Pierre téléphone?
   2. Pourquoi est-ce qu'il téléphone?
   3. Qu'est-ce que les amis ont fait sur l'escalier du Sacré-Cœur?

b) *Ecoutez le texte une deuxième fois, puis répondez aux questions.*
   1. Qu'est-ce que Pierre a mis dans sa lettre?
   2. Depuis combien de temps est-ce que Pierre et Jörg sont chez l'oncle Albert?
   3. Avec qui est-ce que Pierre est allé au Sacré-Cœur?
   4. Est-ce que Pierre et ses amis sont tout de suite allés au Sacré-Cœur?
   5. Combien de temps est-ce qu'ils sont restés sur l'escalier?
   6. A quelle heure est-ce qu'ils sont rentrés?

Leçon 3

A Faisons des crêpes.

Recette pour 6 personnes

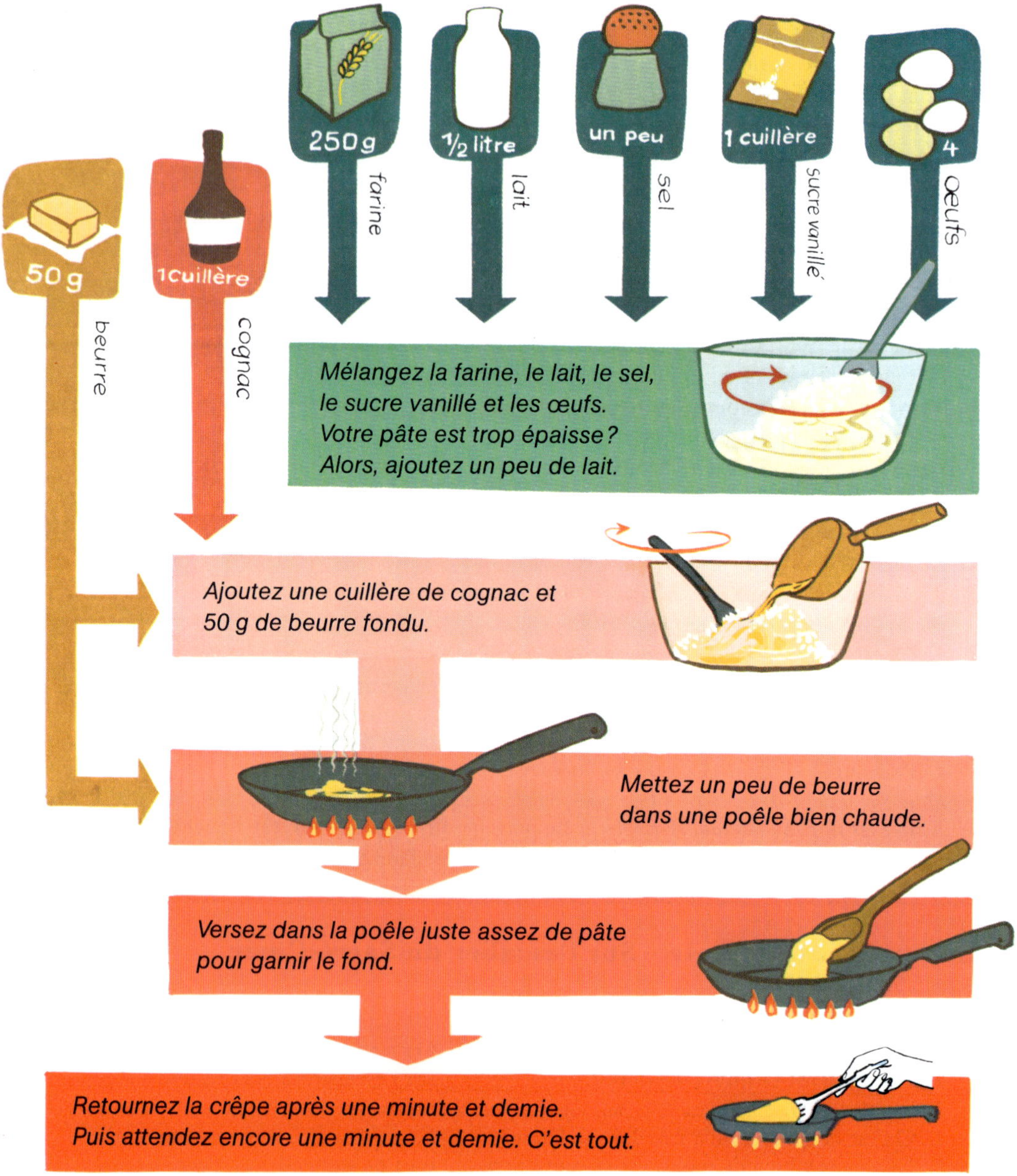

Servez avec du sucre ou avec de la confiture.

B Caroline et Bruno font des crêpes.

Aujourd'hui, Mme Chasseral va voir une amie malade qui habite à Versailles.
Sa fille Caroline a invité des copines. Elle veut leur faire des crêpes.
Mme Chasseral est d'accord:
– Mais ne faites pas trop de bêtises!
A propos, tu pourrais montrer à ton frère Bruno comment on fait les crêpes.
Caroline fait ses courses au supermarché.
Elle achète de la farine, du lait, du sucre vanillé, des œufs et un pot de confiture.
Comme boissons, Caroline prend de la limonade, du cidre, de l'eau minérale et du jus d'orange.
A la maison, Caroline et Bruno préparent les crêpes ensemble. Caroline prend un saladier et une grande cuillère. Puis, elle explique à Bruno comment on fait la pâte:
– D'abord, je prends de la farine.
– Il en faut combien?
– 250 grammes … Bon, et maintenant, un demi-litre de lait.
– Et du sucre, tu n'en mets pas?
– Si. Mais pour les crêpes, il faut du sucre vanillé …
Tu me donnes le sel, s'il te plaît?
– Du sel? dans les crêpes?
– Oui, mais très peu, bien sûr! Puis, j'ajoute des œufs.
– Tu en mets combien?
– J'en mets quatre. Tiens, Bruno, maintenant tu vas mélanger tout ça.
Moi, je vais voir si on a du cognac à la cave.
Quand Caroline revient, elle trouve ses amies dans la cuisine, avec Bruno.
Caroline met un peu de cognac dans la pâte et ajoute le beurre fondu.
Puis, elle fait cuire les crêpes.
– Vous les voulez comment?
– Moi, j'en prends une avec du sucre et une avec du miel, dit Bruno.
– Et moi, sans sucre. Je préfère la confiture, dit Nadine.
– Qu'est-ce que vous buvez? Vous voulez du café ou vous préférez quelque chose de froid? demande Caroline à ses amies.
Les filles boivent du jus d'orange. Bruno préfère le cidre.
– Elles sont vraiment bonnes, tes crêpes, Caroline. Il y en a encore?
– Mais non, Jeanne, tu as mangé la dernière.

Marchand de crêpes

A+B **1. Faisons des crêpes.** (§ § 10, 11, 13)

1. – Qu'est-ce qu'il faut pour faire des crêpes?
   – Il faut de la ..., du ..., des ....
2. Pour six personnes, il faut combien de farine, de lait, etc.?
   Et pour douze personnes?
3. Qu'est-ce que tu fais avec la farine, le lait, etc.?
4. Et qu'est-ce que tu fais quand la pâte est trop épaisse?
   Et quand elle n'est pas assez épaisse?
5. Qu'est-ce que tu mets ensuite dans le saladier?
6. Qu'est-ce qu'il faut pour faire cuire les crêpes?
7. Combien de pâte est-ce que tu verses dans la poêle?
8. Combien de temps est-ce qu'il faut pour faire cuire une crêpe?
9. Comment est-ce que tu aimes les crêpes: avec du sucre?
10. Qu'est-ce que tu aimes boire avec les crêpes?

2. Chez l'épicier (§ § 10, 12)

a) Qu'est-ce que les clients achètent?
   1. M. Poulin achète **de la** farine et **des** œufs.

b) *Dialogues:*
   1. – Vous désirez, ... ?
      – Un kilo de farine, s'il vous plaît.
      – C'est tout?
      – Non, je voudrais aussi six œufs.

c) *Posez des questions à vos camarades.*
   1. – Est-ce que M. Poulin achète de la farine?
      – Oui, il **en** achète.
      – Est-ce qu'il achète / prend du café?
      – Non, il n'**en** achète / prend pas.

d) *A vous. Vous faites les courses. Jouez.*

3. Caroline veut faire les courses. (§ § 10, 12)

– On a encore du sel, maman?
– Non, il n'y a plus de sel.
  Tu en achètes un paquet, s'il te plaît?
– D'accord. Alors, un paquet de sel ...

4. Recette de la salade de fruits (§ § 10–13)

Il faut	Pour six personnes, il en faut ...
... pommes	3
... poires	2
... oranges	4
... bananes	1
... jus de citron	juste un peu
... sucre	100 g
... eau	1/2 l
... sucre vanillé	un peu, mais pas trop
... cognac	2 cuillères

a) Qu'est-ce qu'il faut pour faire une salade de fruits pour six personnes?
- Il faut des pommes, je pense.
- Oui, il en faut 3.

b) *A vous. Faites des dialogues.*
Exemples:

● – Il faut du sucre?
– Oui (, il en faut).
– Je prends combien de sucre?
– Il en faut ....

● – Il ne faut pas de cognac?
– Si (, il en faut).
– J'en mets combien?
– Il en faut ....

● – Il faut du sel / de la confiture / de la farine / des tomates / ... ?
– Mais non, voyons, on ne met pas de ... dans une salade de fruits!

5. Qu'est-ce que vous buvez? (§ § 14, 15)

1. Pierre

2. Annick et Françoise

3. Gérard

4. Jean-Pierre et Martine

a) Bruno a invité des amis. Il demande:
- Pierre, qu'est-ce que tu bois: du chocolat?
- Non, je n'aime pas tellement le chocolat. Je préfère le café.
- Alors, une tasse de café?
- Oui, je veux bien.

b) – Qu'est-ce que Pierre boit?
- Il boit ....
- Pourquoi?
- Parce que ...

c) *A vous.*
Vous avez des amis à la maison.
Vous leur offrez à boire. Jouez.

6. Avec du sucre ou sans sucre? (§ § 10, 11)

– Comment est-ce que vous buvez votre café: avec du sucre ou sans sucre?
– Moi, je le bois avec du sucre / sans sucre / avec beaucoup de sucre / avec très peu de sucre / avec juste un peu de sucre.

1. Comment est-ce que vous buvez votre thé: avec du lait? avec du sucre? *Répondez.*
2. Comment est-ce que vous mangez les croissants: avec du beurre? avec de la confiture?
3. Comment est-ce que vous mangez les crêpes: avec du sucre? avec du miel? avec de la confiture? avec du jambon? avec du chocolat?

C Au téléphone

Bruno: Et qu'est-ce qu'on fait maintenant? On écoute des cassettes?

Jeanne: Oh non! Encore des cassettes! J'en ai marre.

Bruno: Alors, qu'est-ce que tu proposes?

Sylvie: Hum! je ne sais pas. On pourrait …

Caroline: Ecoutez! J'ai une idée. On va jouer au «téléphone».

Jeanne: Au «téléphone»? Explique, Caroline.

Caroline: Eh bien, on fait le numéro de quelqu'un. On lui dit que c'est les P.T.T., le service des dérangements, et qu'on veut voir si son téléphone marche bien. Et ensuite, on lui dit de chanter quelque chose.

Sylvie: Bonne idée! On téléphone à qui?

Jeanne: Euh! je ne sais pas. Au boulanger peut-être.

Caroline: D'accord. Alors, tout le monde au téléphone!

Caroline fait le numéro du boulanger.

Caroline: Monsieur Moulin? Ici, le service des dérangements des P. et T. Pourriez-vous chanter quelque chose, s'il vous plaît? C'est pour voir si votre téléphone marche bien.

Le boulanger: Qu'est-ce que vous voulez comme chanson?

Caroline: C'est égal. Peut-être «Meunier, tu dors»?

Et le boulanger commence à chanter:

Caroline raccroche vite.

Caroline: Je n'en peux plus. Ah, ah, ah!

Jeanne: A qui maintenant?

Sylvie: Je ne sais pas. M. Martin?

Bruno: M. Martin? Qui est-ce?

Sylvie: C'est notre voisin. Il est prof de musique.

Sylvie appelle M. Martin.

Sylvie: Bonjour, monsieur. Ici, les Postes et Télécommunications. Nous voulons voir si votre téléphone marche bien. Pourriez-vous nous chanter une chanson?

M. Martin: Chanter une chanson? Mais bien sûr, Sylvie. Mais pas au téléphone et pas aujourd'hui. Attends demain soir. Tes parents m'ont invité pour l'apéritif. On va pouvoir chanter ensemble, toi et moi!

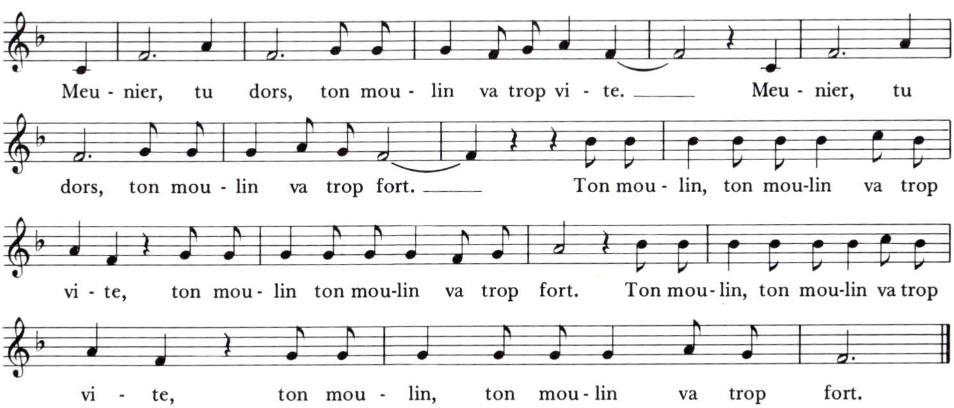

1. Meunier, tu dors,
   ton moulin va trop vite.
   Meunier, tu dors,
   ton moulin va trop fort.
   Ton moulin, ton moulin va trop vite,
   ton moulin, ton moulin va trop fort.

2. Meunier, tu dors,
   un voleur, un voleur!
   Meunier, tu dors,
   un voleur est chez toi.
   Un voleur, un voleur est chez toi,
   Un voleur, un voleur est entré.

C 1. Chez Sylvie

Le soir, Jacques, le frère de Sylvie, pose des questions à sa sœur.

Lisez les questions de Jacques et répondez pour Sylvie.

1. Qu'est-ce que vous avez fait chez les Chasseral? (Eh bien, d'abord, on a mangé ....)
2. Tiens, tiens! Et qui a fait les crêpes?
3. Ah bon? Il sait comment on fait les crêpes?
4. Qu'est-ce que vous avez bu avec?
5. Eh bien, dis donc! Et ensuite qu'est-ce que vous avez fait? Vous avez joué?
6. Qu'est-ce que c'est? Tu peux m'expliquer?
7. Tiens! c'est pas mal comme idée.
   Et à qui est-ce que vous avez téléphoné?
8. Qu'est-ce qu'il a chanté, M. Moulin?
9. Ça lui va bien! Il s'appelle Moulin. Et ensuite, vous avez téléphoné à qui, tu m'as dit?
10. Il a chanté?
11. A propos, tu sais qu'il vient prendre l'apéritif chez nous demain soir?
12. Comment le sais-tu?
    Il te l'a dit?

2. Sur les Grands Boulevards (§ 12)

M. et Mme Berger, de Bruxelles, sont à Paris pour trois jours. Ils font des courses sur les Grands Boulevards.

1. toi

2. ton père

1. – Elles te plaisent, ces chaussures?
   – Oui, je les aime bien.
   On pourrait **les** acheter pour toi, non?
   – Non, écoute, elles sont trop chères. / D'accord.

2. – Regarde ces cendriers. Ils sont beaux, hein?
   – Oui, moi aussi, je les trouve jolis.
   – On pourrait **en** acheter **un** pour ton père, non?
   – D'accord. / Oui, pourquoi pas?

Continuez.

3. Yvonne

4. ta mère

5. toi

6. les Robin

7. nous

8. Simone

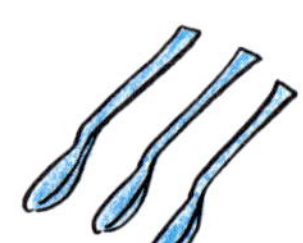

9. Yvette

10. Claudine

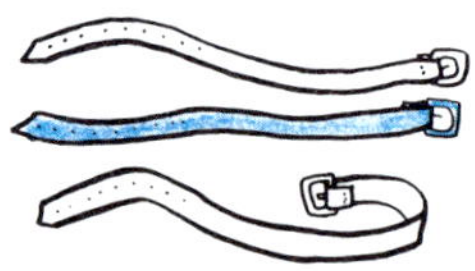

11. Olivier

3. Bruno fait des crêpes. *Racontez.*

à la main: in der Hand

Compréhension orale – Une recette

Ecoutez le texte.

a) *Répondez aux questions.*
   1. Quel est le titre de cette émission de radio?
   2. Comment fait-on pour proposer des recettes à Jean-Pierre Chatel?
   3. Qu'est-ce que Mme Martin propose comme recette?

b) *Lisez ces questions, puis écoutez le texte une deuxième fois: prenez des notes pour pouvoir ensuite répondre aux questions.*
   1. Qu'est-ce qu'on met dans le fond d'un plat?
   2. Combien d'eau et de cognac est-ce qu'on verse sur les biscuits?
   3. On prend combien de blancs d'œufs?
   4. Qu'est-ce qu'on ajoute aux blancs?
   5. Qu'est-ce qu'on fait des blancs?
   6. Qu'est-ce qu'on met d'abord sur les biscuits: les blancs ou la glace?
   7. Où est-ce qu'on met le plat ensuite?
   8. Il faut faire cuire pendant combien de temps?

c) *Formez des groupes. Regardez vos notes et essayez d'écrire la recette.*

d) *Faites la recette avec vos parents. (Pour quatre personnes, il faut six œufs.) Bon appétit!*

Révision 1 **Leçons 1–3**

1. Le passé composé avec «avoir» ou «être»

a) *Mettez les verbes en italique au passé composé.*
1. Un matin, à 6 heures, Mme Duchêne, concierge au 37 de la rue de Grenelle, *sort* de son appartement, au rez-de-chaussée, pour prendre les journaux devant la porte. 2. Elle *met* les journaux dans l'escalier, puis elle *rentre* dans son appartement. 3. Après ça, elle *prépare* le petit déjeuner pour son mari. 4. A 6 heures et demie, M. Duchêne *part* au travail.
5. Ensuite, Mme Duchêne *donne* à manger à son chat, puis elle *lit* le journal. 6. A 7 heures, on *sonne.* 7. Mme Duchêne *va* ouvrir. 8. Elle *voit* un ouvrier. 9. Elle lui *dit:* «Ah! vous venez faire les réparations chez les Lagrange. Attendez, je vais vous ouvrir leur appartement.» 10. Mme Duchêne *prend* la clé des Lagrange, puis elle *monte* au premier étage avec l'ouvrier et elle lui *ouvre* la porte de l'appartement. 11. Ensuite, elle *redescend.* 12. Dix minutes après, de sa cuisine, la concierge *entend* du bruit. 13. Elle *pense:* «Tiens! il a commencé son travail.» 14. Une demi-heure après, elle *remonte* au premier étage pour proposer une tasse de café à l'ouvrier. 15. Elle *regarde* dans la salle de séjour des Lagrange: personne! 16. Ensuite, elle *va* à la cuisine: personne! 17. Après ça, elle *entre* dans la salle de bains: toujours personne! 18. Quand elle *ouvre* la porte de la chambre, elle *a* une mauvaise surprise: les armoires ouvertes, des lettres et des vêtements par terre .... 19. Sur le lit, la concierge *découvre* un petit cahier, avec des adresses. 20. Elle *pense:* «C'est le cahier du voleur.» 21. Et elle *téléphone* tout de suite à la police. 22. Dix minutes après, un inspecteur *arrive.* 23. Il lui *demande* de faire le portrait de l'homme. 24. Elle *peut* faire, sans trop de problèmes, le portrait du voleur.
25. Deux jours après, la police *arrête* l'homme dans un bar, à Montmartre.

b) *Mme Duchêne raconte l'histoire à une voisine. Racontez à sa place, au passé composé.*

2. L'article partitif *Complétez.*

Toto, huit ans, à sa mère:
- Bon. Alors, qu'est-ce que j'achète?
- Eh bien, tu prends ... farine, deux paquets ... café –
- Je prends combien ... farine?
- Un kilo. Et puis, tu achètes aussi ... confiture – deux grands pots – et ... eau minérale.
- Combien ... eau minérale?
- Une bouteille.

Toto quitte la maison. «Qu'est-ce qu'elle m'a dit déjà? Ah oui! ... café, un pot ... confiture et deux bouteilles ... eau minérale.»
Dans la rue, Toto voit un de ses copains.
- Tiens! Salut, Pierrot. Qu'est-ce que tu fais?
- Tu vois. Je vais faire les courses.
- Moi aussi. Qu'est-ce que tu vas acheter?
- ... sel, ... oranges et ... vin rouge.
- Tu vas chez l'épicier?
- Non. Je vais au supermarché.

Toto entre chez l'épicier.
- Je voudrais deux paquets ... sel, un kilo ... oranges et deux litres ... vin rouge.

3. Le déterminant indéfini «tout» *Complétez.*

1. L'oncle Maurice passe ... week-ends chez nous. 2. Au petit déjeuner, il mange ... croissants et ... confiture, et puis il boit ... café. 3. Après le petit déjeuner, il commence à lire: il lit ... nos journaux et ... nos revues. 4. Ensuite, il téléphone à ... ses amis. Et il ne paie pas, bien sûr! 5. A midi, il mange ... salade et ... légumes, au dessert ... gâteau et au café ... biscuits. 6. Ensuite, il dort ... après-midi. 7. Le soir, quand on regarde la télé, il parle ... temps. 8. Ah! et puis, quand il est là, il boit ... notre vin et ... notre pastis! 9. Et ensuite, il est malade pendant ... nuit.

4. Les déterminants et les adjectifs *Complétez et accordez.*

1. Les Chasseral habitent ... *(beau)* appartement, rue Beauregard, à Paris. 2. Ils sont très *(content)*: le quartier où ils habitent est assez *(calme)*. 3. Ils ont ... *(grand)* appartement ... *(premier)* étage d' ... *(vieux)* maison. 4. C'est ... *(dernier)* maison de la rue. 5. *(Leur)* enfants, Caroline et Bruno, vont *(tout)* les deux au collège Pascal. 6. Caroline a ... *(joli)* chambre avec ... *(grand)* lit, ... *(beau)* armoire et deux *(vieux)* fauteuils. 7. ... chambre de Bruno est très *(petit)*: il y a juste assez de place pour un lit et ... *(vieux)* armoire où le garçon met *(tout)* ses affaires.

A droite, la rue Beauregard; à gauche, la rue de Cléry.

A A la poste

1. Michèle et Barbara sont à la poste. Elles veulent envoyer un paquet à leur oncle, acheter des timbres de collection et mettre une lettre à la boîte.

Michèle: Bon. Je vais attendre au guichet des paquets. Tu peux aller au guichet des timbres, s'il te plaît?

Barbara: Oui, j'y vais.

2. *Au guichet des timbres:*

Barbara: Vous avez des timbres de la série «Châteaux de France»?

L'employée: Oui, mademoiselle. Vous en voulez combien?

Barbara: J'en voudrais dix à 2 F et cinq à 1 F 10.

3. Barbara met la lettre à la boîte, puis elle va retrouver sa sœur au guichet des paquets.

Michèle: Alors, ça y est, tu as été au guichet des timbres?

Barbara: Oui, oui, j'en viens.

L'employé: Mademoiselle?

Michèle: Bon, c'est à moi. Je voudrais envoyer ce paquet en recommandé.

L'employé: Tenez, voilà un formulaire.

Michèle prend le formulaire. Elle y écrit le nom et l'adresse de son oncle.

Michèle: Je vous dois combien?

L'employé: Vous me devez 15 F, mademoiselle.

Michèle paie, puis les jeunes filles sortent de la poste.

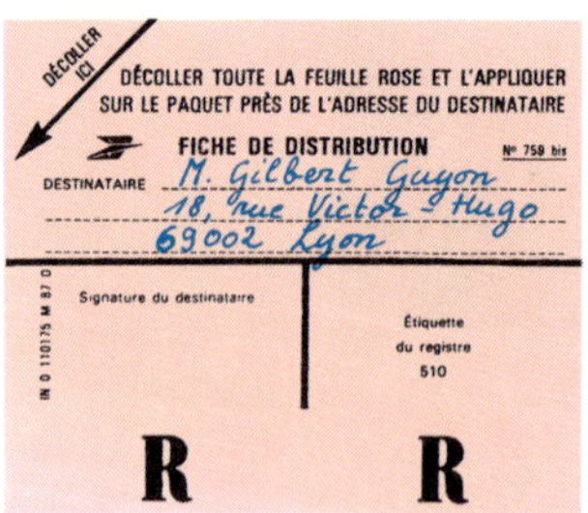
DÉCOLLER ICI
DÉCOLLER TOUTE LA FEUILLE ROSE ET L'APPLIQUER SUR LE PAQUET PRÈS DE L'ADRESSE DU DESTINATAIRE
FICHE DE DISTRIBUTION
DESTINATAIRE M. Gilbert Guyon
18, rue Victor-Hugo
69002 Lyon
Signature du destinataire
Étiquette du registre
510
R R

A 1. Les P.T.T.

a) *Qu'est-ce qu'on peut faire à la poste?*
– A la poste, on peut ....

1.

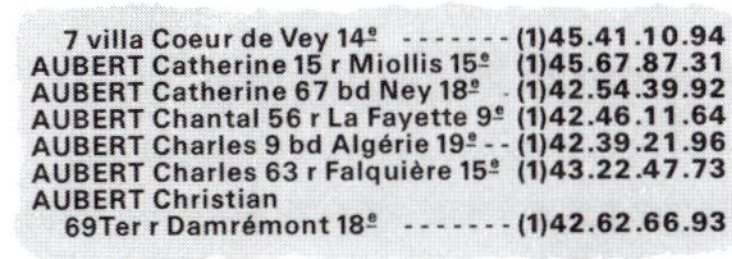
7 villa Coeur de Vey 14e .... (1)45.41.10.94
AUBERT Catherine 15 r Miollis 15e (1)45.67.87.31
AUBERT Catherine 67 bd Ney 18e . (1)42.54.39.92
AUBERT Chantal 56 r La Fayette 9e (1)42.46.11.64
AUBERT Charles 9 bd Algérie 19e - - (1)42.39.21.96
AUBERT Charles 63 r Falquière 15e (1)43.22.47.73
AUBERT Christian
69Ter r Damrémont 18e .... (1)42.62.66.93

regarder dans le Bottin

2.

3.

4.

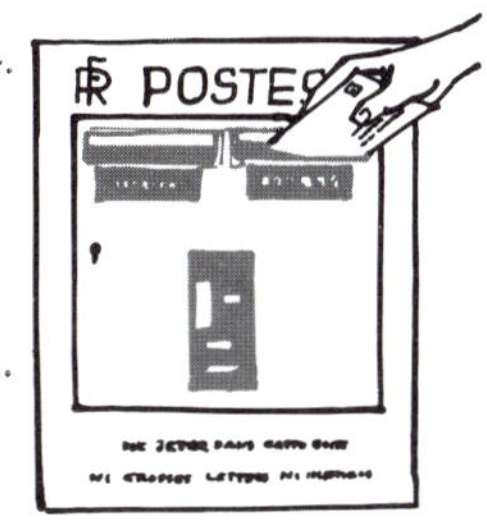

5.

6.

b) *A vous.*
Vous êtes au guichet des timbres.
au guichet des paquets.
au guichet des télégrammes.

Faites les dialogues.

2. Au marché (§ 16)

– Madame?
– Je voudrais **des pommes.**
– Vous **en** voulez combien?
– J'**en** voudrais 2 kilos, s'il vous plaît.
– C'est tout?
– Oui, c'est tout.
Je vous **dois** combien? / Ça fait combien?
– (Vous me **devez** ... / Ça fait ...)
18 F, madame.

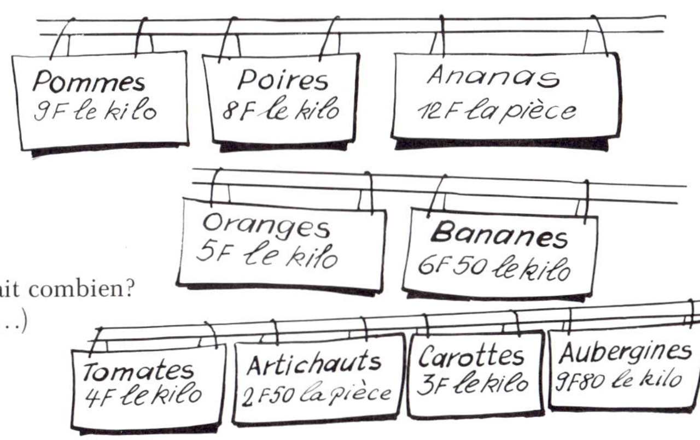

3. Alors, j'y vais avec toi. (§§ 18, 19)

– D'où est-ce que tu viens?
– **Du marché.**
– Ah bon? Moi aussi, j'**en** viens. Et où est-ce que tu vas?
– **A la poste.**
– Bon. Alors, j'**y** vais avec toi. Je dois / Je veux acheter des timbres.

1.	marché	→ poste
2.	gare	→ café des Sports
3.	M.J.C.	→ bibliothèque
4.	centre Pompidou	→ Montmartre
5.	tour Eiffel	→ hôtel
6.	Sacré-Cœur	→ Louvre
7.	hôtel	→ pharmacie

– aller chercher un livre
– aller voir quelqu'un rue Lepic
– aller regarder la Joconde
– acheter des timbres
– aller retrouver des amis
– acheter des aspirines
– aller chercher mes affaires

B Attention au départ!

1. Pascal Aubert et sa sœur Laurence regardent l'horaire des trains, dans le hall de la gare de l'Est. Ils vont passer le week-end à Reims, chez leurs grands-parents. Leur train, l'express de 13 heures 20, part à la voie numéro 12. Françoise, leur cousine, doit partir avec eux, mais elle n'est pas encore arrivée.

2. *Laurence:* 1 h 5! Et elle n'est toujours pas là.
Pascal: Ecoute, je vais quand même aller prendre les billets.
Pascal va au guichet.
Pascal: Trois aller-retour deuxième classe pour Reims, s'il vous plaît.
L'employé: Voilà, jeune homme. Ça fait 348 F.

3. Pascal et Laurence vont sur le quai. La jeune fille est très inquiète.
Laurence: Mais qu'est-ce qu'elle peut bien faire? ... Elle a dû manquer son bus.
Pascal: Tu sais bien qu'elle arrive toujours à la dernière minute!
Laurence: Au fait, tu as pris la recette pour grand-mère?
Pascal: Attends ... Je l'ai mise dans la poche de mon anorak ... Oui, oui, elle y est.
Laurence: Et les photos, tu les as prises?
Pascal: Oui, je les ai mises dans le sac.
Laurence: Eh bien, moi, les cigares pour grand-père, je ne les ai pas trouvés. Au bureau de tabac, à côté de chez nous, ils n'ont pas cette marque-là. J'ai dit à Françoise de les acheter. Elle m'a promis d'y penser.

Le haut-parleur:
Attention, attention, voie numéro 11, les voyageurs pour Bar-le-Duc, Nancy, Strasbourg, en voiture, s'il vous plaît. Attention au départ!

4. *Laurence:* C'est notre train?
Pascal: Non, non, c'est le rapide de Strasbourg …
Ça y est, voilà Françoise!
Laurence: Mais qu'est-ce qu'elle fait?
Elle monte dans le train de Strasbourg!
Laurence et Pascal: Françoise! Françoise! Françoise!!

Trop tard! Françoise est montée dans le dernier wagon. Le train part. Laurence et Pascal montent alors dans l'express de Reims. Ils trouvent un compartiment où il y a deux places libres.

Laurence: Eh bien, ça alors!
Mais qu'est-ce qu'elle va faire?
Pascal: Elle va descendre au premier arrêt, je suppose.

5. Deux heures plus tard, à Reims, leur grand-père leur dit que Françoise a téléphoné. Elle est arrivée en retard à la gare de l'Est, parce qu'elle a dû faire trois bureaux de tabac pour trouver les cigares. Dans le train de Strasbourg, il lui a fallu prendre un billet Paris-Châlons. En ce moment, elle est à la gare de Châlons, elle n'a plus d'argent, mais elle a les cigares!

A vous.
Continuez l'histoire.

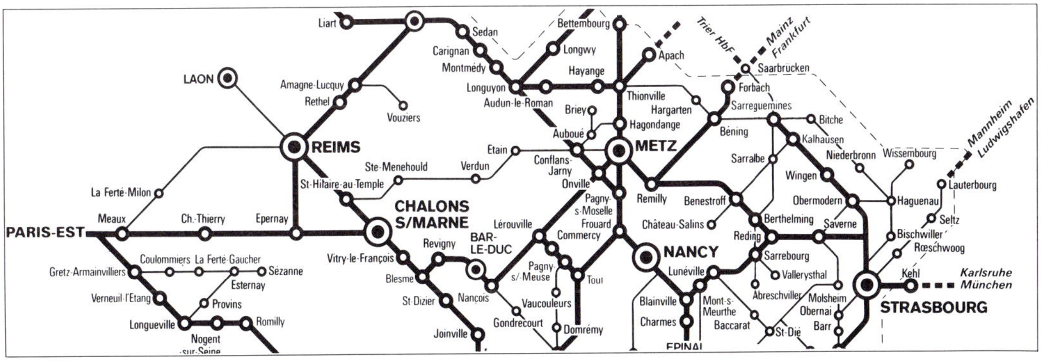

B 1. A Reims

A Reims, Françoise pose des questions à Pascal et à Laurence. Elle veut savoir
1. à quelle voie l'express de Reims est parti;
2. s'ils sont tout de suite montés dans le train;
3. s'ils ne l'ont pas vue monter dans le rapide;
4. pourquoi ils ne l'ont pas appelée;
5. à quelle heure ils sont partis de la gare de l'Est;
6. s'ils ont pensé aux photos et à la recette pour grand-mère;
7. à quelle heure ils sont arrivés à Reims.

Posez les questions de Françoise et répondez à la place de Pascal et de Laurence.

2. Où est-ce qu'ils ont mis leurs affaires? (§ 20)

a) – Où est-ce que Bruno et Caroline ont **mis leurs photos?**
– Ils **les** ont **mises** sur le fauteuil.

b) *Bruno et Caroline:*
Où est-ce que nous avons **mis nos photos?**
Mme Chasseral:
Vos photos? Vous **les** avez **mises** sur le fauteuil.

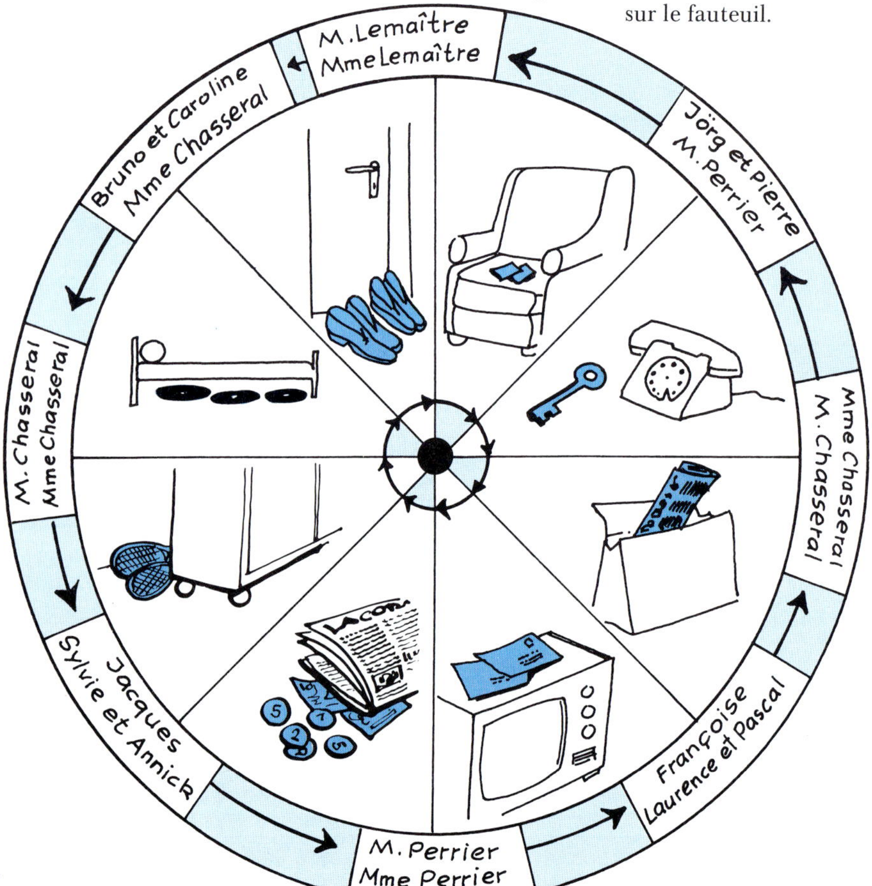

3. Les chats de Montmartre (§ 20)

Répondez aux questions.
Vous donnez d'abord la réponse fausse, puis un de vos camarades vous corrige.
Dans vos réponses, employez des pronoms. Exemple:

1er élève: Au fait ... / A propos ... / Dis donc ... / Dis ...,
où est-ce que Mme Perrier **a mis l'annonce?** Dans une revue ou dans un journal?
2e élève: Elle **l'a mise** dans une revue, je suppose.
3e élève: Mais non, voyons, elle **ne l'a pas mise** dans une revue, mais dans un journal.

Faites les dialogues:

1. – ..., à qui est-ce que la concierge a montré l'article? A Mme Perrier ou à Nadine?
2. – ..., quand est-ce que les quatre amis ont vu la camionnette verte? Le matin ou le soir?
3. – ..., où est-ce que les amis ont découvert la camionnette? Dans la rue ou dans la cour de la pension?
4. – ..., c'est M. Bonneau ou Nadine qui a ouvert la porte de la pension?
5. – ..., c'est Nadine ou Jörg qui a fait la photo de la camionnette?
6. – ..., où est-ce que la police a arrêté le voleur de chats? Dans un café de Montmartre ou dans la pension?
7. – ..., où est-ce que la police a trouvé le numéro de téléphone des Laboratoires Denfer? Dans l'anorak du voleur ou à côté de son téléphone?
8. – ..., dans quel journal est-ce qu'on a mis la photo de Jörg? Dans «France-Soir» ou dans les «Nouvelles de Montmartre»?
9. – ..., à qui est-ce que la S.P.A. a écrit la lettre? A la grand-mère de Jeanne ou à Nadine et à ses amis?

4. Quand Luc fait les courses ...

Remplacez les mots en italique par en, y *ou un pronom objet.*

Mme Robin rentre du travail. Son fils, Luc, 8 ans, est à la maison.

Mme Robin: «Dis-moi, Luc, tu peux aller au supermarché, s'il te plaît? Je n'ai pas le temps de passer *au supermarché* maintenant, j'attends un coup de téléphone.»

Luc: «Ah non, alors! Je viens *du supermarché,* je ne vais pas retourner *au supermarché!*»

Mme Robin: «Comment ça? Tu es allé au supermarché?»

Luc: «Oui. Je suis allé *au supermarché* quand je suis rentré de chez Eric. J'ai vu ta liste sur la table de la cuisine. J'ai pris *ta liste,* j'ai mis *ta liste* dans ma poche et je suis parti.»

Mme Robin: «Ah bon? Et tu as pris du vin?»

Luc: «Oui, oui. J'ai acheté 25 litres *de vin.*»

Mme Robin: «Qu'est-ce que tu dis? Tu as pris combien *de vin?*»

Luc: «25 litres. Et puis, j'ai acheté des pommes de terre. J'ai demandé 50 kilos *de pommes de terre* au vendeur.»

Mme Robin: «50 kilos de pommes de terre!! Mais qu'est-ce qu'on va faire *de 50 kilos de pommes de terre?*»

Luc: «Eh bien! on va manger *les 50 kilos de pommes de terre.* Ah! et puis, quand tu as fait ta liste, tu n'as pas pensé au miel. On n'a plus *de miel.* Mais moi, j'ai pensé *au miel.* J'ai pris 20 pots *de miel.* Ils vont nous apporter tout ça demain.»

5. A la gare de l'Est

Pascal et Laurence attendent Françoise sur le quai. *Faites le dialogue.*
Exemple: Laurence: Françoise n'est toujours pas arrivée!
Pascal: Elle **a dû** manquer son bus.

Laurence:
1. – Françoise n'est toujours pas arrivée!
2. – Regarde, un train entre sur la voie 12.
3. – Où est-ce que tu as mis les photos?
4. – Dis donc, regarde la jeune fille, à la sortie du quai.
5. – Mais qu'est-ce qu'elle fait? Elle monte dans le rapide de Strasbourg!
6. – Elle n'a pas de billet. Qu'est-ce qu'elle va faire?
7. – Et ensuite?

Pascal:
- – Elle pense peut-être que ....
- – Elles doivent être .... Regarde.
- – Elle a dû ....
- – Ensuite? Elle va ..., je suppose. C'est le premier arrêt.
- – C'est ..., non?
- – Je suppose qu'elle va prendre ....
- – Ça doit être le ....

6. A vous. Faites l'interprète.

Tu es à Paris, à la gare du Nord.
Au guichet des renseignements, un touriste allemand veut demander quelque chose à l'employé. Tu fais l'interprète.

Le touriste: Ich möchte wissen, um wieviel Uhr es einen Zug nach Münster gibt.
Toi: Ce monsieur voudrait savoir ....
L'employé: Vous avez un train direct à 17 heures 10. Il arrive à Munster à 0 heure 25.
Toi: ...
Le touriste: 0 Uhr 25? Das ist zu spät. Und morgens gibt es keinen Zug nach Münster?
Toi: ...
L'employé: Si. Mais il faut changer à Cologne.
Toi: ...
Le touriste: Das macht nichts. Ich habe nur einen kleinen Koffer. Ich kann ohne Probleme umsteigen.
Toi: ...
L'employé: Alors, vous avez un rapide à 7 heures 30. Il arrive à Cologne à 12 heures 41. Là, vous prenez l'Inter-City de 13 heures. Il arrive à Munster à 14 heures 53.
Toi: ...
Le touriste: Halb acht, das ist ein bißchen früh.

Toi: ...
L'employé: Attendez, vous pouvez aussi prendre le rapide de 12 heures 56. Il passe par Bruxelles et arrive à Cologne à 18 heures 48. A Cologne, vous avez un Inter-City à 19 heures 03 qui est à Munster à 20 heures 53.
Toi: ...
Le touriste: Nein, ich will nicht über Brüssel fahren. Ich nehme lieber den Schnellzug um 7 Uhr 30. Auf welchem Gleis fährt er ab?
Toi: ...
L'employé: A la voie 9.
Toi: ...
Le touriste: Vielen Dank. Auf Wiedersehen.
Toi: ...
L'employé: De rien. Au revoir.

A la banque

A Paris, dans une banque:
un touriste allemand veut encaisser un eurochèque.
Le touriste: Je mets la somme en francs ou en marks?
L'employé: En francs, monsieur.
Ensuite, le touriste montre sa carte Eurochèque à l'employé.
L'employé: Vous avez une pièce d'identité?
... Vous avez une adresse à Paris? ...
Merci. Bon, vous signez ici, s'il vous plaît.
... Voilà. Et maintenant, vous passez à la caisse.
Le caissier: Je peux vous donner un billet de 500 F?
Le touriste: D'accord ... Ah! et puis vous me donnez de la monnaie, euh, des pièces de 1 F pour téléphoner.

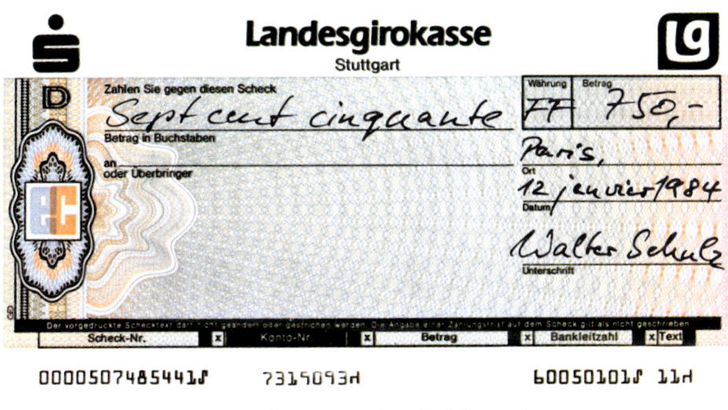

A vous.
Jouez la scène.

Compréhension orale – A la gare de Lyon

Vous êtes sur un des quais de la gare de Lyon, à Paris.

a) *Ecoutez le haut-parleur.*

b) *Ecoutez chaque annonce une deuxième fois. Après chaque annonce, dites si on parle*
1. d'un train qui va arriver;
2. d'un train qui va partir;
3. d'une personne qu'on cherche.

c) *Lisez ces questions, puis écoutez les annonces une troisième fois: prenez des notes pour pouvoir ensuite répondre aux questions.*
1. De quelles voies est-ce qu'on parle dans les annonces n° 1 et 2?
2. De quelle ville est-ce qu'on parle dans l'annonce n° 3?
3. Annonce n° 4: le train est annoncé avec un retard de combien de minutes?
4. De quelle voie est-ce qu'on parle dans l'annonce n° 5?
5. De quelles personnes est-ce qu'on parle dans l'annonce n° 6?

4

Qu'est-ce qu'on pourrait faire cet après-midi?

Annette, Françoise et Sandrine vont passer l'après-midi ensemble.
Annette demande à ses copines: «Qu'est-ce qu'on fait cet après-midi?»

Françoise aime ...
- jouer au tennis
- aller à la M.J.C.
- aller au café
- aller sur les Grands Boulevards
- faire des promenades en voiture
- ...

Sandrine aime ...
- écouter des disques
- jouer de la guitare
- aller au cinéma
- aller au Louvre
- faire des promenades à pied
- ...

1. *Annette propose quelque chose:* Qu'est-ce qu'on fait cet après-midi? On joue au tennis?
2. *Françoise est d'accord:* Ah ça, c'est une bonne idée!
3. *Sandrine n'est pas d'accord:* Ah non, alors! Moi, je ne joue pas au tennis cet après-midi.
4. *Alors, Annette propose autre chose:* Alors, écoutons des disques. Vous voulez bien?

Maintenant, Sandrine est d'accord, mais Françoise ne l'est pas.
A vous. Jouez. Employez les éléments que voici:

1. *Annette propose quelque chose:*

- ○ Qu'est-ce qu'on fait cet après-midi? On ... ?
- ○ On pourrait peut-être ..., cet après-midi? Qu'est-ce que vous en pensez?
- ○ J'ai une idée. On va .... D'accord?
- ○ Je propose de .... Ça vous va?

2. *Une de ses copines est d'accord:*

- ○ Ah ça, c'est une bonne idée!
- ○ D'accord.
- ○ Moi, je veux bien.
- ○ Oh oui, pourquoi pas?

3. *Mais l'autre n'est pas d'accord:*

- ○ Ah non, alors! Moi, je ne ... pas ....
- ○ Moi, je n'ai pas envie.
- ○ Moi, ça ne me dit rien.
- ○ Moi, je ne suis pas d'accord!
- ○ Ecoute, Annette, tu sais bien que je n'aime pas .... Je préfère / J'aime mieux ....

4. *Alors, Annette propose autre chose:*

- ○ Alors, écoutons .... Vous voulez bien?
- ○ Alors, je propose de .... D'accord?
- ○ Attendez, j'ai une autre idée. On va ....
- ○ Tu n'as pas envie? / ... Alors, on pourrait peut-être ... ? Qu'est-ce que vous en pensez?

A La SNCF propose ...

Vacances de neige

- La SNCF propose aux enfants de ses employés un séjour dans un centre de vacances qui se trouve près de Merlette, dans les Alpes (1850 m).
- C'est une vieille ferme que la SNCF a achetée et remise en état.
- Les jeunes qui ne savent pas encore faire du ski peuvent prendre des leçons à la ferme.
- Pour les autres, il y a la station, à 7 km, où on peut se rendre en car.
- A la station, on trouve des pistes de descente et des pistes de fond.

S'inscrire avant le 1er décembre!

Dates: du 7 au 13 février
du 14 au 20 février
du 21 au 27 février

Prix: 570 F

Age: de 12 à 16 ans

Places: 25

- La ferme n'est pas un hôtel! Ce sont les jeunes qui font les chambres et qui aident à préparer les repas!

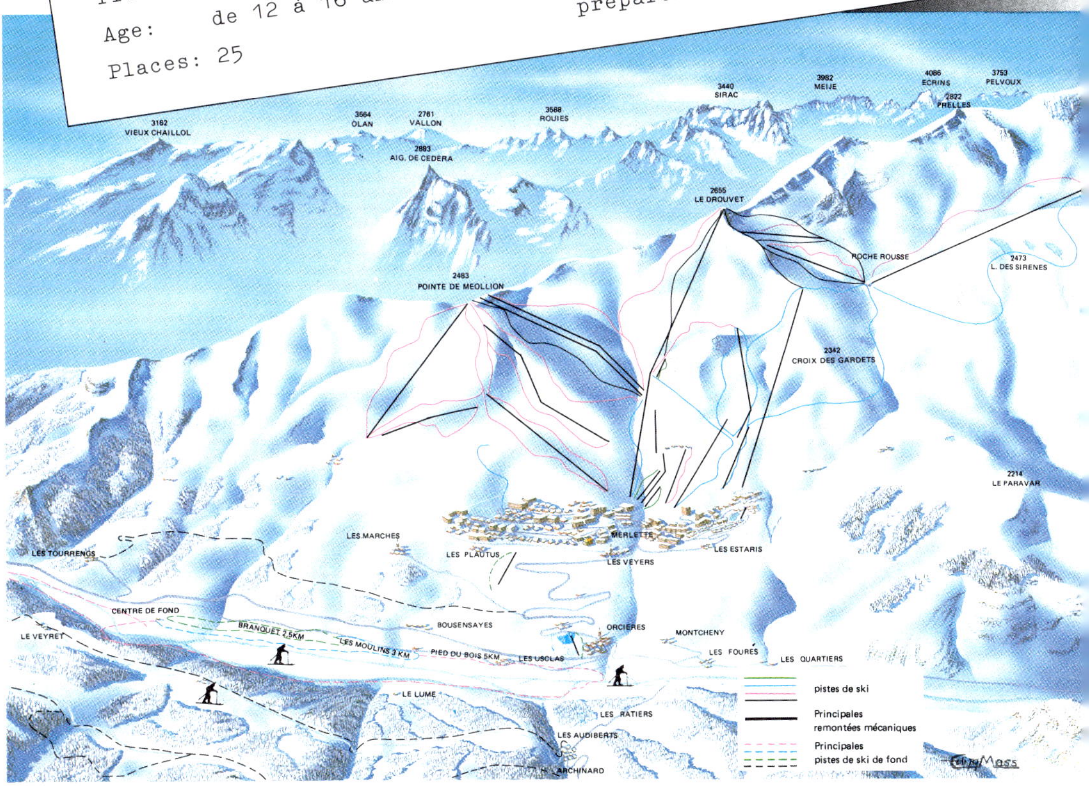

5

A 1. Le centre SNCF de Merlette (§ 21) *Complétez par* qui / que / qu' / où.

1. La SNCF achète de vieilles maisons ... elle remet en état. 2. Ce sont souvent des fermes ... il n'y a pas beaucoup de confort. 3. La SNCF en fait des centres de vacances ... sont ouverts aux enfants de ses employés. 4. Il y a un centre de vacances ... se trouve près de Merlette, dans les Alpes. 5. Les séjours ... les jeunes font dans ce centre ne sont pas chers. 6. Les jeunes ... y vont doivent aider à préparer les repas. 7. Les leçons de ski ... ils peuvent prendre à la ferme ne coûtent rien. 8. A 7 km de la ferme, il y a la station de Merlette ... on trouve des pistes de descente et des pistes de fond. 9. On peut inscrire au centre SNCF les jeunes ... ont entre 12 et 16 ans.

2. Que savez-vous sur les centres SNCF? (§ 22)

a) *Exemple:* 1. – **Qui** propose un séjour dans les Alpes? **Le collège?**
– Mais non, **c'est** la SNCF **qui** propose ce séjour!
2. – **Qu'est-ce que** la SNCF remet en état? **Des vieux châteaux?**
– Mais non, **ce sont/c'est** des vieilles fermes **que** la SNCF remet en état!

Répondez: 3. Qui va au centre de Merlette? Les employés de la SNCF?
4. Qui inscrit les jeunes à ce centre? Les professeurs?
5. Qu'est-ce qu'on fait à Merlette? De la poterie?
6. Qui fait les chambres à la ferme? Les moniteurs?
7. Qu'est-ce qu'on prend pour se rendre à la station? Un train?
8. Qu'est-ce qu'on trouve à la station? Des terrains de foot?
9. Qui aide à préparer les repas? Les filles seulement?

b) *Exemple:* 1. – **Où** est-ce que la ferme se trouve? **Dans les Pyrénées?**
– Mais non, **c'est** dans les Alpes **que** la ferme se trouve!

Répondez: 2. Elle se trouve près de quelle station? Près de Chamonix?
3. Où est-ce que les jeunes prennent leurs leçons de ski? A la station?
4. A combien de kilomètres se trouve la station? A dix kilomètres?
5. A qui est-ce que la SNCF a écrit? Aux jeunes?
6. Quand est-ce qu'il faut s'inscrire? Avant le 1er février?
7. Où est-ce qu'on peut s'inscrire? Dans les M.J.C.?

3. C'est quand, ton anniversaire? (§ 24)

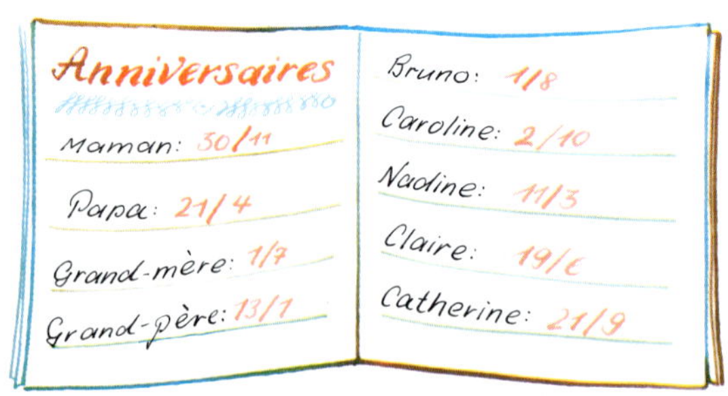

a) *Alain:* Dis, Jeanne, c'est quand déjà, l'anniversaire de maman?
Jeanne: L'anniversaire de maman? C'est **le 30 novembre.**

b) *A vous.* Et toi, c'est quand, ton anniversaire?

4. Dialogues (§ 25) *Complétez par* savoir *ou* pouvoir.

1. – Vous ne … pas faire du ski? Alors, venez avec nous au centre SNCF de Merlette.
   – On … prendre des leçons de ski au centre?
   – Oui. Et puis, il y a la station, à 7 km. Les jeunes qui … faire du ski … y aller en car ou à pied.
2. – Alain, tu … faire l'exercice d'allemand?
   – Non. Demandons à Jeanne si elle … nous aider.
   – Dis donc, Jeanne, tu … nous aider à faire l'exercice d'allemand?
   – Quand, maintenant? Non, je ne … pas. Je vais au cinéma avec Pierre.
3. – Dis, Bruno, tu … nous montrer comment on fait les crêpes?
   – Vous ne … pas faire les crêpes? Bon. Alors, je vais vous expliquer.
4. – John et Kate … très bien parler le français et ils … l'allemand aussi.
   – C'est bien de … le français et l'allemand: on … aller en France et en Allemagne sans problèmes.

5. A la M.J.C. (§ 26)

1	2	3	4	5	6
Annie	Alain Claudine	Luc René	Marc	Chantal	Lucien Sylvie

a) A quel cours est-ce qu'**ils s'inscrivent?**
   1. Annie **s'inscrit** au … .
   2. Alain et Claudine … .

b) *Tu es à la M.J.C. avec des copains français. Tu leur demandes à quel cours ils s'inscrivent:*
   1. – Dis, Annie, **tu t'inscris** à quel cours?
      – Je m' … .
   2. – Et vous, Alain et Claudine, vous vous …?
      – Nous nous … .

c) *A vous. Posez des questions à vos camarades.*
   – **Tu ne t'inscris pas** au cours de poterie / club photo / …?
   → – Si, **je vais m'inscrire** tout de suite.
   → – Non, je n'aime pas tellement la poterie. **Je vais m'inscrire** au … .

6. Bertrand Saitout sait tout faire. (§ 23)

Mme Saitout: Bertrand a fait **une chaise.**
Une amie: Vous me montrez **la chaise qu**'il a **faite?**
Mme Saitout: Oui. C'est cette chaise-là.
L'amie: Dites donc, elle est belle!
C'est vraiment Bertrand qui **l'**a **faite?**

Bertrand a fait aussi:
1. une table,
2. des tasses,
3. des cendriers,
4. un vase,
5. une armoire,
6. un avion,
7. des photos,
8. une ceinture.

Voilà une photo que Jeanne a prise près de la ferme.

A la ferme

1. M. Lemaître, qui travaille à la SNCF, a inscrit sa fille Jeanne à Merlette. Et le 7 février, Jeanne est partie à la montagne. C'est son premier séjour à la neige et ce sont aussi les premières vacances qu'elle passe sans ses parents.

La vieille ferme lui a plu tout de suite. Dans la chambre que le moniteur lui a montrée, elle a trouvé deux jeunes filles sympathiques, Claire et Catherine.

2. Le lendemain matin, Jeanne et Claire prennent leur première leçon de ski. Mais elles ont des problèmes. Non, vraiment, ce n'est pas facile du tout! Elles tombent sans arrêt dans la neige. Un garçon arrive alors.

Gérard: Je m'appelle Gérard. C'est le moniteur qui m'envoie. Je peux vous aider?

Claire: Ah oui, je veux bien!

Jeanne: Moi, j'en ai marre! Quand je veux m'arrêter, mes skis ne sont pas d'accord. Et paf! je me retrouve par terre.

Gérard: Oh, tu sais, personne n'apprend à faire du ski sans tomber! Allez, mettez-vous derrière moi et regardez comment je fais!

3. Le soir, au lit, les trois copines parlent de leur journée.

Catherine: Alors, qu'est-ce que vous avez fait aujourd'hui?

Jeanne: On a appris à faire du ski avec Gérard.

Catherine: Gérard? Qui est-ce?

Claire: Un type bien sympa. C'est un grand brun aux yeux noirs, pas mal du tout! Et sportif avec ça!

Jeanne: Et puis, il est très drôle .... Les histoires qu'il nous a racontées!

Catherine: Eh bien! je vois que vous ne vous ennuyez pas! Moi non plus, je ne m'ennuie pas, je dois dire. J'ai fait du ski de fond. Il y a des pistes formidables ici!

Claire: Dis donc, elle est sportive, la petite!

Jeanne: Bon, moi, je suis fatiguée. Je vous dis bonne nuit.

4. Mercredi 10 février. Aujourd'hui, il n'y a pas de leçon de ski. Pendant le repas de midi, Gérard propose à Claire et à Jeanne de faire du ski de fond. Les trois copains prennent la piste qui passe derrière la ferme. Ils font trois kilomètres, puis ils s'arrêtent.

Jeanne: Bon, qu'est-ce qu'on fait? On rentre?

Gérard: D'accord, mais pas par la piste. Regardez, on va passer là-bas, sous les arbres.

Jeanne: Tu es fou, c'est trop dangereux! Je n'ai pas envie de me casser la jambe. Et puis, on va se perdre!

Gérard: Se perdre? Moi, je ne me perds jamais. Je sais où on est. Il n'y a pas de problème!

Claire: Allez, Jeanne, ne fais pas d'histoires!

Gérard: Bon, mets-toi au milieu, Jeanne! … Allons-y!

5. Ils passent sous les arbres, dans la neige profonde. Que c'est beau! Mais tout à coup, ils entrent dans le brouillard. Et, peu après, il commence à neiger. Tout est blanc, et ils ne voient plus rien.

Jeanne: Quelle est notre direction, Gérard?

Gérard: Là … Ah non, mince, ce n'est pas ça! A gauche, je pense … Non … Ecoutez, je ne sais pas.

Jeanne: Oh là là, on ne va pas retrouver la ferme! J'ai peur!

Claire: Alors, faisons demi-tour. On va essayer de retrouver la piste.

6. Mais le vent et la neige ont tout effacé. Ils ont erré pendant des heures dans le brouillard, et ils n'ont rencontré personne. Le soir, enfin, ils sont arrivés sur une route. Une camionnette qu'ils ont arrêtée les a ramenés à la ferme.

Après cette histoire, les deux filles ne sont plus jamais parties avec Gérard. Il faut dire qu'il n'a plus osé les inviter.

B 1. Les photos de Jeanne (§§ 21, 23)

Après son séjour à Merlette,
Jeanne montre à ses parents des photos
qu'elle a faites là-bas.

a) *Complétez par des pronoms relatifs.*

1. Les photos … vous allez voir, ce sont des photos de Merlette.
2. La grande maison … on voit là, c'est le centre SNCF.
3. Les filles … sont sur les lits, ce sont Catherine et Claire.
4. La piste … passe derrière la ferme, c'est notre piste de fond.
5. Le garçon … est sur cette photo, c'est Gérard.
6. La vieille Citroën … vous voyez là, c'est la voiture d'un des moniteurs.
7. Le car … les jeunes vont prendre, là, va de la ferme à la station.

b) *Complétez par des pronoms relatifs et accordez les verbes.*

1. Ce sont des photos … j'ai *(prendre / faire)* avec mon nouvel appareil.
2. C'est une vieille ferme … la SNCF a *(acheter / remettre en état)*.
3. Ce sont des filles … ont souvent *(faire)* du ski avec moi.
4. C'est une piste … on a *(prendre / faire)* très souvent.
5. C'est un type très sportif … a *(faire)* du ski de fond avec nous, un après-midi.
6. C'est une voiture … un copain lui a *(vendre / donner)*.
7. C'est un car … j'ai *(prendre)* quatre ou cinq fois pendant mon séjour.

2. Rien ne va plus. (§ 27)

a) *Lisez les exemples.*

– Tu fais **quelque chose?**	– Non,	je	**ne**	fais	**rien.**	
– Tu as fait **quelque chose?**		je	**n'**	ai	**rien**	fait.
– Tu veux faire **quelque chose?**		je	**ne**	veux	**rien**	faire.
– **Quelque chose** te plaît?		**rien**	**ne**	me plaît.		
– Tu vois **quelqu'un?**		je	**ne**	vois	**personne.**	
– Tu as vu **quelqu'un?**		je	**n'**	ai vu	**personne.**	
– Tu veux voir **quelqu'un?**		je	**ne**	veux voir	**personne.**	
– **Quelqu'un** t'écoute?		**personne**	**ne**	m'écoute.		

b) *Maintenant, faites l'exercice.*
Un mercredi soir, Bruno téléphone à son copain Patrick.
Répondez à la place de Patrick.
Employez ne ... rien / Rien ne ... / ne ... personne / Personne ne ...

1. – Qu'est-ce que tu as fait cet après-midi? – Je n'ai ....
2. – Tu as bien téléphoné à quelqu'un?
3. – Alors, quelqu'un t'a téléphoné?
4. – Est-ce que le disque que je t'ai donné te plaît? – Non, en ce moment, ...
5. – Quelqu'un est venu chez toi?
6. – Alors, tu as été voir quelqu'un?
7. – Tu as bien lu un journal ou une revue?
8. – Mais enfin, qu'est-ce que tu as?
9. – Mais si. Allez, dis-moi tout.

Patrick: Bon, d'accord. Annie, tu sais, ma copine, eh bien, elle m'a quitté. Alors, je ... veux ... faire et je ... veux voir ....

3. On ne voit plus rien! (§ 27)

Claire *(Cl.)*, Jeanne *(J.)* et Gérard *(G.)* errent dans le brouillard. Ils ne voient plus rien. Les deux filles commencent à avoir peur. *Complétez les réponses.*

1. *Cl:* Dis, Jeanne, tu vois encore quelque chose?
   J: Non, je ne ....
2. *J:* On va avoir des problèmes pour rentrer.
   G: Mais non, on ... problèmes!
3. *J:* Gérard, regarde, il y a quelqu'un derrière l'arbre. J'ai peur.
   G: Mais non, voyons, ... !
4. *Cl:* Gérard, quelqu'un arrive là-bas.
   G: Non, ...
5. *J:* Gérard, on va se perdre!
   G: Mais non, on ... se perdre! Moi, je ....
6. *Cl:* Dis, Gérard, le brouillard ne te fait pas peur?
   G: Non, ... me fait peur.
7. *J:* Claire, je ne sais plus où on est.
   Cl: Eh bien, moi non ..., je dois dire.
8. *Cl:* Tu vois, Gérard, c'est dangereux de quitter la piste.
   G: Mais non, ... tout!
9. *G:* Allons, les filles! Vous allez voir, on va bien rencontrer quelqu'un!
   Cl: Avec ce brouillard, on ....
   G: Regardez, il y a une route, là-bas.
   J: Enfin!
10. Après cette histoire, les deux filles ont encore fait deux ou trois fois du ski de fond – sans Gérard. Mais elles ... quitté la piste.

4. Qu'est-ce que je peux faire? (§ 26)

– Je voudrais apprendre à jouer de la guitare. Qu'est-ce que je peux faire?
– Eh bien! **tu t'inscris / inscris-toi** à un cours de guitare.

Faites des dialogues.

1. – Je voudrais apprendre à jouer de la guitare. Qu'est-ce que je peux faire?
2. – Ma sœur et moi, on s'ennuie le mercredi après-midi.
3. – Je suis souvent fatigué(e) pendant l'après-midi.
4. – Mon frère et moi, on a toujours froid quand on fait du ski.
5. – J'ai souvent faim le matin, à 10 ou 11 heures.
6. – J'ai peur des voleurs.
7. – Jacqueline et moi, on voudrait passer nos vacances de février à la montagne.

Eléments à employer dans les réponses:

s'acheter un chien
s'inscrire à un cours de guitare
se faire quelque chose à manger
s'offrir un séjour à Merlette
s'acheter des vêtements chauds
se trouver des copains
se mettre un moment au lit après le repas

5. A vous. Comment trouvez-vous Gérard? *Faites les dialogues.*

1er élève:
Moi, je ne l'aime pas tellement.
Je trouve qu'il parle trop.

2e élève:
Eh bien, moi, il m'est très sympathique.
D'accord, il parle trop,
mais il est très drôle.

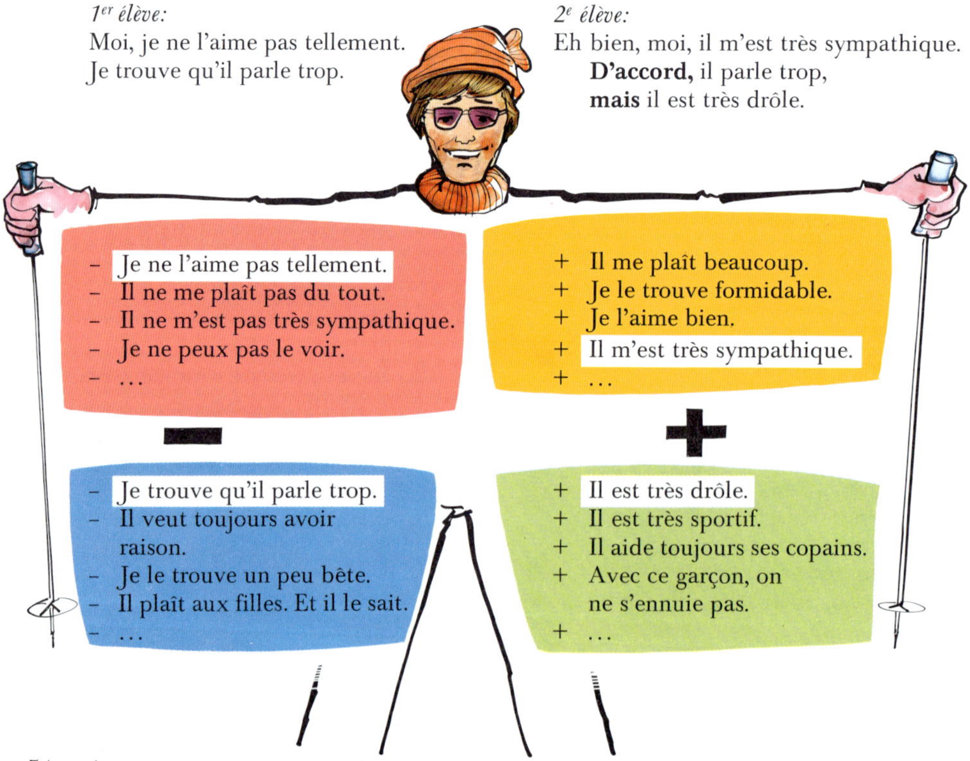

STOP
NE PAS
NE PAS
VERBOTEN
INTERDIT
DE
DEFENSE
DE
DEFENSE
DE
INTERDIT
DE
Jacques Charmoz

Le calendrier

JANVIER		○ 7 h 45 à 16 h 03
1	V	**JOUR DE L'AN**
2	S	S. Basile
3	D	**Epiphanie** ☽
4	L	S. Odilon
5	M	S. Edouard
6	M	S. Mélaine
7	J	S. Raymond
8	V	S. Lucien
9	S	Se Alix ○
10	D	S. Guillaume
11	L	S. Paulin
12	M	Se Tatiana
13	M	Se Yvette
14	J	Se Nina
15	V	S. Rémi
16	S	S. Marcel ☾
17	D	Se Roseline
18	L	Se Prisca
19	M	S. Marius
20	M	S. Sébastien
21	J	Se Agnès
22	V	S. Vincent
23	S	S. Barnard
24	D	S. Fr. de Sales
25	L	*Conv. S. Paul* ●
26	M	Se Paule
27	M	Se Angèle
28	J	S. Th. d'Aquin
29	V	S. Gildas
30	S	Se Martine
31	D	Se Marcelle

FÉVRIER		○ 7 h 23 à 16 h 45
1	L	Se Ella ☽
2	M	*Présentation*
3	M	S. Blaise
4	J	Se Véronique
5	V	Se Agathe
6	S	S. Gaston
7	D	Se Eugénie
8	L	Se Jacqueline ○
9	M	Se Apolline
10	M	S. Arnaud
11	J	*N. D. Lourdes*
12	V	S. Félix
13	S	Se Béatrice
14	D	S. Valentin
15	L	S. Claude ☾
16	M	Se Julienne
17	M	S. Alexis
18	J	Se Bernadette
19	V	S. Gabin
20	S	Se Aimée
21	D	S. P. Damien
22	L	Se Isabelle
23	M	**Mardi-Gras** ●
24	M	**Cendres**
25	J	S. Roméo
26	V	S. Nestor
27	S	Se Honorine
28	D	**Carême**

MARS		○ 6 h 35 à 17 h 32
1	L	S. Aubin
2	M	S. Charles le B. ☽
3	M	S. Guénolé
4	J	S. Casimir
5	V	S. Olive
6	S	Se Colette
7	D	Se Félicité
8	L	S. Jean de Dieu
9	M	Se Françoise ○
10	M	S. Vivien
11	J	Se Rosine
12	V	Se Justine
13	S	S. Rodrigue
14	D	Se Mathilde
15	L	Se Louise de M.
16	M	Se Bénédicte
17	M	S. Patrice ☾
18	J	S. Cyrille
19	V	S. Joseph
20	S	PRINTEMPS
21	D	Se Clémence
22	L	Se Léa
23	M	S. Victorien
24	M	Se Cath. de Suè.
25	J	**Annonciation** ●
26	V	Se Larissa
27	S	S. Habib
28	D	S. Gontran
29	L	Se Gwladys
30	M	S. Amédée
31	M	S. Benjamin

AVRIL		○ 5 h 31 à 18 h 20
1	J	S. Hugues ☽
2	V	Se Sandrine
3	S	S. Richard
4	D	**Rameaux**
5	L	Se Irène
6	M	S. Marcellin
7	M	S. J.B. de la S.
8	J	Se Julie ○
9	V	S. Gautier
10	S	S. Fulbert
11	D	**PAQUES**
12	L	S. Jules
13	M	Se Ida
14	M	S. Maxime
15	J	S. Paterne
16	V	S. Benoît-J. ☾
17	S	S. Anicet
18	D	S. Parfait
19	L	Se Emma
20	M	Se Odette
21	M	S. Anselme
22	J	S. Alexandre
23	V	S. Georges ●
24	S	S. Fidèle
25	D	**Jour du Souv.**
26	L	Se Alida
27	M	Se Zita
28	M	Se Valérie
29	J	Se Cath. de Sien.
30	V	S. Robert ☽

MAI		○ 4 h 33 à 19 h 04
1	S	**F. du TRAVAIL**
2	D	S. Boris
3	L	SS. Phil., Jacq.
4	M	S. Sylvain
5	M	Se Judith
6	J	Se Prudence
7	V	Se Gisèle
8	S	S. Désiré ○
9	D	**Fête J.-d'Arc**
10	L	Se Solange
11	M	Se Estelle
12	M	S. Achille
13	J	Se Rolande
14	V	S. Matthias
15	S	Se Denise
16	D	S. Honoré ☾
17	L	S. Pascal
18	M	S. Eric
19	M	S. Yves
20	J	**ASCENSION**
21	V	S. Constantin
22	S	S. Emile
23	D	S. Didier ●
24	L	S. Donatien
25	M	Se Sophie
26	M	S. Bérenger
27	J	S. Augustin
28	V	S. Germain
29	S	S. Aymard ☽
30	D	**PENTECÔTE**
31	L	*Visitation*

JUIN		○ 3 h 54 à 19 h 44
1	M	S. Justin
2	M	Se Blandine
3	J	S. Kévin
4	V	Se Clothilde
5	S	S. Igor
6	D	**F. des Mères** ○
7	L	S. Gilbert
8	M	S. Médard
9	M	Se Diane
10	J	S. Landry
11	V	S. Barnabé
12	S	S. Guy
13	D	**Fête-Dieu**
14	L	S. Elisée ☾
15	M	Se Germaine
16	M	S. J.F. Régis
17	J	S. Hervé
18	V	S. Léonce
19	S	S. Romuald
20	D	S. Silvère
21	L	ÉTÉ ●
22	M	S. Alban
23	M	Se Audrey
24	J	S. Jean-Bapt.
25	V	S. Prosper
26	S	S. Anthelme
27	D	S. Fernand
28	L	S. Irénée ☽
29	M	SS. Pierre, Paul
30	M	S. Martial

JUILLET		○ 3 h 53 à 19 h 56
1	J	S. Thierry
2	V	S. Martinien
3	S	S. Thomas
4	D	S. Florent
5	L	S. Antoine
6	M	Se Mariette-G. ○
7	M	S. Raoul
8	J	S. Thibaut
9	V	Se Amandine
10	S	S. Ulrich
11	D	S. Benoît
12	L	S. Olivier
13	M	SS. Henri, Joël
14	M	**F. NATIONALE** ☾
15	J	S. Donald
16	V	*N. D. Mt-Car.*
17	S	Se Charlotte
18	D	S. Frédéric
19	L	S. Arsène
20	M	Se Marina ●
21	M	S. Victor
22	J	Se Marie-Mad.
23	V	Se Brigitte
24	S	Se Christine
25	D	S. Jacques
26	L	SS. Anne, Joa.
27	M	Se Nathalie ☽
28	M	S. Samson
29	J	Se Marthe
30	V	Se Juliette
31	S	S. Ignace de L.

AOÛT		○ 4 h 25 à 19 h 28
1	D	S. Alphonse
2	L	S. Julien-Ey.
3	M	Se Lydie
4	M	S. J. M. Vian. ○
5	J	S. Abel
6	V	*Transfiguration*
7	S	S. Gaëtan
8	D	S. Dominiqu.
9	L	S. Amour
10	M	S. Laurent
11	M	Se Claire
12	J	Se Clarisse ☾
13	V	S. Hippolyte
14	S	S. Evrard
15	D	**ASSOMPTION**
16	L	S. Armel
17	M	S. Hyacinthe
18	M	Se Hélène
19	J	S. Jean-Eud. ●
20	V	S. Bernard
21	S	S. Christophe
22	D	S. Fabrice
23	L	Se Rose de L.
24	M	S. Barthélemy
25	M	S. Louis
26	J	Se Natacha ☽
27	V	Se Monique
28	S	S. Augustin
29	D	Se Sabine
30	L	S. Fiacre
31	M	S. Aristide

SEPTEMBRE		○ 5 h 03 à 18 h 32
1	M	S. Gilles
2	J	Se Ingrid
3	V	S. Grégoire ○
4	S	Se Rosalie
5	D	Se Raïssa
6	L	S. Bertrand
7	M	Se Reine
8	M	*Nativité N.-D.*
9	J	S. Alain
10	V	Se Inès ☾
11	S	S. Adelphe
12	D	S. Apollinaire
13	L	S. Aimé
14	M	*La Se Croix*
15	M	S. Roland
16	J	Se Edith
17	V	S. Renaud ●
18	S	Se Nadège
19	D	Se Emilie
20	L	S. Davy
21	M	S. Matthieu
22	M	S. Maurice
23	J	AUTOMNE
24	V	Se Thècle
25	S	S. Hermann ☽
26	D	SS Côme, Dam.
27	L	S. Vinc. de Paul
28	M	S. Venceslas
29	M	S. Michel
30	J	S. Jérôme

OCTOBRE		○ 5 h 51 à 17 h 29
1	V	Se Th. de E. J.
2	S	S. Léger
3	D	S. Gérard ○
4	L	S. Fr. d'Assise
5	M	Se Fleur
6	M	S. Bruno
7	J	S. Serge
8	V	Se Pélagie
9	S	S. Denis ☾
10	D	S. Ghislain
11	L	S. Firmin
12	M	S. Wilfried
13	M	S. Géraud
14	J	S. Juste
15	V	Se Th. d'Avila
16	S	Se Edwige
17	D	S. Baudouin ●
18	L	S. Luc
19	M	S. René
20	M	Se Adeline
21	J	Se Céline
22	V	Se Elodie
23	S	S. Jean de C.
24	D	S. Florentin
25	L	S. Crépin ☽
26	M	S. Dimitri
27	M	Se Emeline
28	J	SS. Sim., Jude
29	V	S. Narcisse
30	S	S. Bienvenue
31	D	S. Quentin

NOVEMBRE		○ 6 h 38 à 16 h 30
1	L	**TOUSSAINT** ○
2	M	**Défunts**
3	M	S. Hubert
4	J	S. Charles
5	V	Se Sylvie
6	S	Se Bertille
7	D	Se Carine
8	L	S. Geoffroy ☾
9	M	S. Théodore
10	M	S. Léon
11	J	**ARMISTICE**
12	V	S. Christian
13	S	S. Brice
14	D	S. Sidoine
15	L	S. Albert ●
16	M	Se Marguerite
17	M	Se Elisabeth
18	J	Se Aude
19	V	S. Tanguy
20	S	S. Edmond
21	D	*Prés. de Marie*
22	L	Se Cécile
23	M	S. Clément ☽
24	M	Se Flora
25	J	Se Catherine L.
26	V	Se Delphine
27	S	S. Séverin
28	D	**Avent**
29	L	S. Jacq. de la M.
30	M	S. Saturnin

DÉCEMBRE		○ 7 h 24 à 15 h 55
1	M	Se Florence ○
2	J	Se Viviane
3	V	S. Xavier
4	S	Se Barbara
5	D	S. Gérald
6	L	S. Nicolas
7	M	S. Ambroise ☾
8	M	*Imm. Concept.*
9	J	S. P. Fourier
10	V	S. Romaric
11	S	S. Daniel
12	D	Se Jeanne-F.C.
13	L	Se Lucie
14	M	Se Odile
15	M	Se Ninon ●
16	J	Se Alice
17	V	S. Gaël
18	S	S. Gatien
19	D	S. Urbain
20	L	S. Abraham
21	M	S. Pierre C.
22	M	HIVER
23	J	S. Armand ☽
24	V	Se Adèle
25	S	**NOËL**
26	D	S. Etienne
27	L	S. Jean
28	M	*SS. Innocents*
29	M	S. David
30	J	S. Roger ○
31	V	S. Sylvestre

a) 1. Quels sont les mois de l'année?
   2. Pâques, c'est quand? Et la Pentecôte, la Fête Nationale, la Toussaint, Noël, la Saint-Sylvestre, le Nouvel An?

b) 1. *Lisez.* **Au printemps,** les élèves français ont 15 jours de vacances. Ce sont les vacances de Pâques.
   En été, il y a les vacances de Pentecôte et les grandes vacances.
   En automne, les élèves ont 10 jours pour la Toussaint.
   En hiver, il y a les vacances de Noël et les vacances de février.
   2. *Maintenant, répondez.*
   Quand commencent les vacances de Pâques? Quand est-ce qu'elles se terminent? Et les autres vacances? Combien de temps durent les grandes vacances?

c) *A vous*
   Vous parlez de vos vacances à un camarade français:
   1. Au printemps, on a .... *Continuez.*
   2. Qu'est-ce que vous aimez faire pendant vos vacances? *Racontez.*

Compréhension orale – Au poste de secours de Merlette

Ecoutez le texte.

a) *Répondez aux questions.*
   1. Quelles sont les personnes qui parlent dans la première partie du texte?
   2. Où est-ce qu'elles se trouvent?
   3. Quelles sont les personnes qui parlent dans la deuxième partie?
   4. Où est-ce qu'elles sont?
   5. De qui est-ce que les personnes parlent dans la troisième partie?

b) *Lisez ces questions, puis écoutez le texte une deuxième fois.*
   Ensuite, répondez aux questions.

   Première partie:
   1. La dame a vu quelque chose de
      a) jaune,
      b) rouge,
      c) bleu?
   2. C'est
      a) un anorak,
      b) un hélicoptère,
      c) une jupe?
   3. L'employé va chercher
      a) ses skis,
      b) son anorak,
      c) ses jumelles?
   4. L'employé voit un homme qui
      a) ne bouge pas,
      b) fait du ski de piste,
      c) se trouve dans un hélicoptère?

   Deuxième partie:
   1. Le pilote appelle
      a) le docteur Lagrange,
      b) l'hôpital de Gap,
      c) le poste de secours de Merlette?
   2. L'hélicoptère se pose
      a) sur une piste de ski,
      b) sur un tout petit plateau,
      c) à 50 m du poste de secours?

   Troisième partie:
   1. L'homme, dans la neige,
      a) a 37 ans et il est de Merlette,
      b) est de Bordeaux et il a 27 ans,
      c) a 37 ans et il est de Bordeaux?
   2. Le pilote va transporter l'homme à
      a) l'hôpital de Merlette,
      b) l'hôpital de Bordeaux,
      c) l'hôpital de Gap?

c) *Résumez le texte au présent.*

Leçon 6

A Je roule pour vous.

Sur un parking de Montélimar, au bord de la Nationale 7, devant un «Routier». Yves Belfont, 32 ans, chauffeur de camion, nous parle de son métier:

– Si j'aime mon métier? Vous savez, c'est une drôle de vie, la vie de routier. Rouler jour et nuit, nuit et jour. Il y a des moments où j'en ai marre, je dois dire ... D'accord, c'est moi qui ai choisi ce métier ... Faut dire que j'aime être libre. Et puis ... euh ... je vois beaucoup de pays, j'ai des copains sympa ... et on me paie bien.

– Eh oui, je fais tous les pays d'Europe: la Suisse, l'Allemagne, la Belgique, les Pays-Bas, le Danemark ...

– Là, on vient d'Espagne et du Portugal, mon copain et moi. On va à Paris. On ramène des oranges.

– Ensuite? Eh bien, mardi, on va au Havre pour prendre des machines anglaises qu'on doit livrer en Italie. Et, à Florence ... attendez ... ah oui! on va charger du vin et après, eh bien, on va aux Pays-Bas.

– Bon, voilà mon copain. Maintenant, moi, je vais me coucher. C'est lui qui va prendre le volant. «On part, Pierrot?»

A 1. Quand on est routier, on voit beaucoup de pays. (§ 28)

GB A NL L

D I F CH P

DK B E DDR

a) – Eh oui, je fais tous les pays d'Europe:
l'Angleterre, l'Autriche, …

b) – Vous venez d'où?
– On **vient des** Pays-Bas / **de** Hollande.
– Et vous allez où?
– On **va au** Luxembourg.

c) – Ah bon? Vous venez **de** Belgique?
– Oui, on vient **de** Liège.
– Et vous allez où, vous dites? **En** France?
– Oui, on va **à** La Rochelle.

Belgique (Liège)	→ France (La Rochelle)
Pays-Bas (Rotterdam)	→ Suisse (Neuchâtel)
France (Le Havre)	→ Allemagne (Munich)
Danemark (Copenhague)	→ Luxembourg (Luxembourg)
Angleterre (Londres)	→ France (Le Mans)
Autriche (Vienne)	→ Portugal (Porto)
Allemagne de l'Est (Magdebourg)	→ Pays-Bas (Amsterdam)

2. Sur un parking, devant un «Routier» (§ 29)

1. Voilà un camion **hollandais.**
Il a chargé des oranges **espagnoles.**

2. (D) machines d'Angleterre
3. (L) chaussures d'Italie
4. (I) beurre du Danemark
5. (A) magnétophones d'Allemagne
6. (P) vin du Portugal
7. (CH) voitures des USA
8. (E) meubles d'Angleterre
9. (B) tomates de Hollande

3. Dans un centre de vacances (§ § 28, 29) *Faites les dialogues.*

1. – Vous vous appelez comment?
– Moi, je m'appelle Ralf et ma copine, elle s'appelle Heidi.
– Vous êtes Allemands?
– Oui, on est de Cologne.
Tu as déjà été en Allemagne?
– Oui, j'y suis allé(e) une / deux / … plusieurs fois. / Non, je n'y suis jamais allé(e).
2. – Tu t'appelles comment?
– Je …

1. Ralf et Heidi	Cologne	Allemagne
2. Marieke	Amsterdam	Pays-Bas
3. Carmen	Barcelone	Espagne
4. Maria et Luise	Vienne	Autriche
5. Marco et Tino	Florence	Italie
6. Thomas	Bâle	Suisse
7. Françoise et Pierre	La Rochelle	France

6

B Rien à déclarer?

1. – Vous avez quelque chose à déclarer?
– Non. Rien.
– Vous pouvez passer.
Bonne route, monsieur!
– Merci.

© *D'après carte du Pneu Michelin N° 910, édition 1982*

2. M. Cathala est content. Il a laissé derrière lui la frontière entre l'Andorre et la France. Maintenant, il roule sur la Nationale 20 qui descend vers Toulouse, où il habite. «Dans deux heures, je vais être chez moi», se dit M. Cathala.
Il ne roule pas vite: la nuit commence à tomber et il fait mauvais temps.

3. A la sortie d'un petit village, un homme fait de l'auto-stop. M. Cathala ralentit, puis il s'arrête.
– J'ai manqué le dernier train pour Foix. C'est sur votre route?
– Oui. Montez.
Il commence à neiger. Les deux hommes ne parlent pas. Tout à coup, après un virage, M. Cathala voit des douaniers qui arrêtent les voitures.
– Mince! la douane volante!

4. Mais les douaniers lui font signe de continuer.
– Ouf! j'ai eu de la chance. Avec eux, on ne sait jamais.
– De la chance? Pourquoi?
– Eh bien, j'ai acheté pas mal de choses en Andorre.
– Ah?!
– Il faut dire que j'ai trois filles. Pour elles, j'ai pris des produits de beauté et du parfum. Et puis, des cigarettes pour ma femme. Moi, je ne fume pas, mais elle, il faut voir ça, elle fume deux paquets par jour! Enfin, des petits cadeaux pour mes parents.
– Et vous n'avez rien acheté pour vous?
– Si. Du cognac et quelques bouteilles de pastis. Vous savez, en Andorre, tout cela est bon marché.

5. A Ax-les-Thermes, M. Cathala s'arrête à une station-service. Il fait le plein. Pendant ce temps, le monsieur va téléphoner. Puis les deux hommes reprennent leur route.

6. Peu après Ax, le monsieur dit:

– Je regrette, mais je dois vous dire que je suis inspecteur des douanes. J'ai téléphoné à Foix, à notre bureau. On nous attend.

M. Cathala est très surpris.

– Inspecteur des douanes!! Ecoutez, je n'ai pas acheté grand-chose, juste quelques petits cadeaux!

– Pourquoi est-ce que vous ne les avez pas déclarés?

7. Les deux hommes ne parlent plus. M. Cathala est en colère. Il roule très vite. A un moment, il double un camion dans un virage.

– Voyons, monsieur, calmez-vous! Allons, finissons cette affaire. Vous me donnez 200 F et on n'en parle plus. Je descends à Foix et vous, vous pouvez continuer votre route. Ou bien on descend ensemble. Réfléchissez.

M. Cathala ne réfléchit pas longtemps. Il donne l'argent à l'homme. A la gare de Foix, le monsieur descend.

8. Encore une heure de route. M. Cathala met la radio.

«Ici, Radio-Toulouse. Notre programme de musique espagnole est fini. Attention! La police recherche un homme de 40 ans qui se fait passer pour un inspecteur des douanes. Il fait de l'auto-stop et demande de l'argent aux automobilistes qui ont fait des courses en Andorre ou en Espagne et qui n'ont rien déclaré. Il porte un anorak vert et a une serviette noire. Ces derniers jours, on l'a vu plusieurs fois sur la Nationale 20, près de la frontière de l'Andorre.»

B

1. Bonne route, M. Cathala!

a) *Relisez le texte «Rien à déclarer?», puis trouvez un titre pour chaque paragraphe. Ecrivez les titres au tableau. Exemple:* 1. A la frontière.
b) *Regardez les titres que vous avez trouvés et résumez le texte:*
«M. Cathala passe la frontière entre l'Andorre et la France … »

2. Soldes (§ 30)

1

Monique –
Chantal et Christine

2

Mireille –
Nadine

3

Pierre –
Luc et Olivier

4

François –
Marc

5

Eric –
Nicole et Sylvie

a) *Faites les dialogues.*
1. *Monique:* Chantal et Christine, vous **avez choisi?**
Chantal: Non, pas encore. Nous **réfléchissons.** Et toi?
Monique: Moi, je prends ce chemisier noir. Il me plaît bien. / Je le trouve beau. / …
2. *Mireille:* Nadine, tu … ?

b) 1. Chantal et Christine n'**ont** pas encore **choisi.** Elles **réfléchissent.**
Monique **a choisi.** Elle prend un chemisier noir.
2. Nadine …

3. Dialogues (§ 30) *Accordez les verbes.*

1. Dans le métro:
   – A quelle heure est-ce que vous *(partir)* au travail le matin?
   – Je *(partir)* à 8 heures de chez moi et j'arrive au magasin à 9 heures moins le quart. On *(ouvrir)* à 9 heures.
   – Et vous *(finir)* votre travail à quelle heure?
   – Je *(finir)* à 7 heures.
2. Cadeau d'anniversaire:
   Mme Martin à son mari:
   – Bon. Alors, qu'est-ce que nous *(offrir)* à Monique pour son anniversaire?
   – Eh bien, je ne sais pas, moi, on lui *(offrir)* un disque?
   Ils vont dans un grand magasin:
   – Les disques? C'est ici, messieurs dames. Regardez et *(choisir)*.
   M. et Mme Martin *(réfléchir)* un moment, puis ils *(choisir)* un disque de Brassens. Ils paient et *(sortir)* du magasin.
3. En voiture; M. Fabre à M. Tonge:
   – Hé! vous roulez trop vite! *(Ralentir)* un peu! Mais, vous ne répondez pas. Vous *(dormir)*?
   – Non, je ne *(dormir)* pas. Je *(réfléchir)*.
4. Deux clochards au restaurant:
   – Tu as *(choisir)*?
   – Oui, je prends le repas à 70 F. Garçon, s'il vous plaît.
   Le garçon ne les *(servir)* pas. Il *(ouvrir)* la porte et leur dit: «*(Sortir)*!» Mais les clochards ne *(sortir)* pas. L'un d'eux montre trois billets de 100 F au garçon. Le garçon dit alors: «Bon, ça va, je vais vous *(servir)*.»

4. Quel temps fait-il?

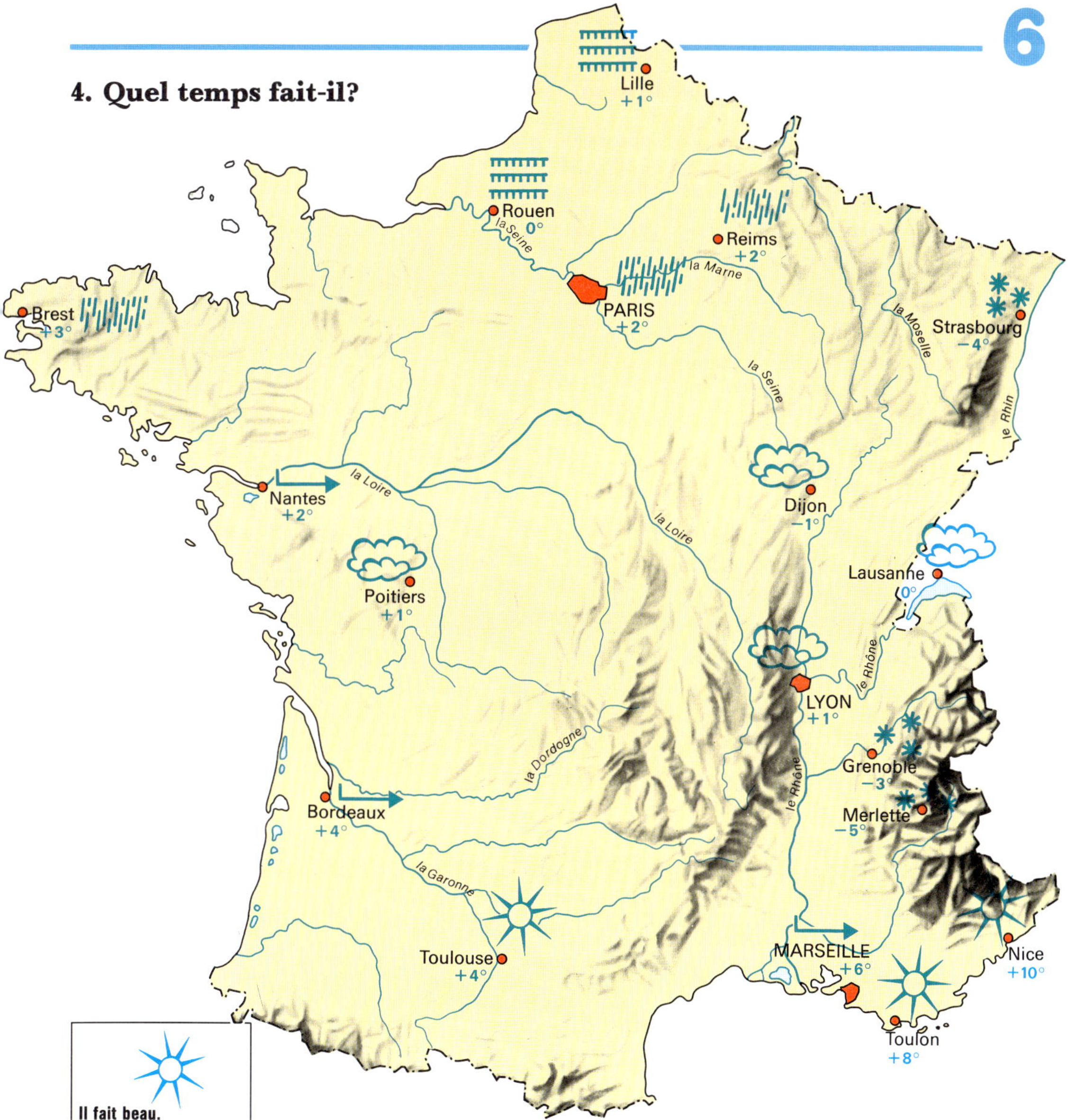

Il fait beau.		
Il fait mauvais temps.	**Il pleut.**	
Il neige.	**Il y a du brouillard.**	**Il fait du vent.**
0° **Il fait zéro.**	−2° **Il fait moins 2.**	+3° **Il fait plus 3.**

Faites les dialogues. Exemple:

– Il fait quel temps à Paris?
– Il pleut.
– Et il fait quelle température?
– Il fait plus deux.

5. Alors, qu'est-ce que vous prenez? (§ 31)

Il y a une fête à la M.J.C. Yves, Monique et Gérard sont au bar. Ils prennent des boissons pour eux et pour leurs copains. C'est Philippe qui sert.

Philippe: Bon. Alors, qu'est-ce que vous prenez?
Monique: **Moi, je** prends du thé.

... thé / ... limonade / ... jus d'orange / ... chocolat / ... eau minérale / ... cidre / ... lait / ...

Philippe: Et Pierre, qu'est-ce qu'il boit?
Yves: **Lui, il** prend ....
Philippe: Et vous, Yves et Gérard? ... /
Et Brigitte? ... /
Et Christine et Véronique? ... /
Et Françoise et Eric? / ...

6. Au centre SNCF de Merlette (§ 31) *Faites des dialogues.*

Le moniteur: Dis, Jeanne, il est **à toi,** ce pull?
Gérard: Non, il n'est pas **à elle.**
Jeanne: Si, il est **à moi!** Qu'est-ce que tu racontes?

1. Jeanne – pull
2. Claire et Catherine – valises
3. Christophe et Jean-Pierre – appareil photo
4. Michel – skis
5. Maurice et Simone – anoraks
6. Marianne – guitare
7. Jean-Luc – anorak
8. Annick et Martine – lunettes
9. Pierre et Françoise – chaussures de ski
10. ...

7. Qui fait ta chambre, toi ou ta mère? (§ 32)

Exemple: – **C'est toi qui fais** ta chambre?
– Oui, **c'est moi qui** la **fais.** /
Non, **ce n'est pas moi qui** la **fais,** c'est ma mère / mon père / ...

Répondez: employez des pronoms personnels disjoints.

1. C'est toi qui fais ton lit?
2. C'est toi qui vas au marché?
3. C'est ta sœur (ton frère) et toi qui faites les courses?
4. C'est ton père qui prépare le petit déjeuner?
5. C'est ta mère qui choisit tes vêtements?
6. Ce sont / C'est tes parents qui paient tes vêtements?
7. Ce sont / C'est tes copines qui font tes devoirs?
8. Ce sont / C'est tes grands-parents qui te donnent ton argent de poche?

8. M. Robin et l'inspecteur des douanes *Racontez.*

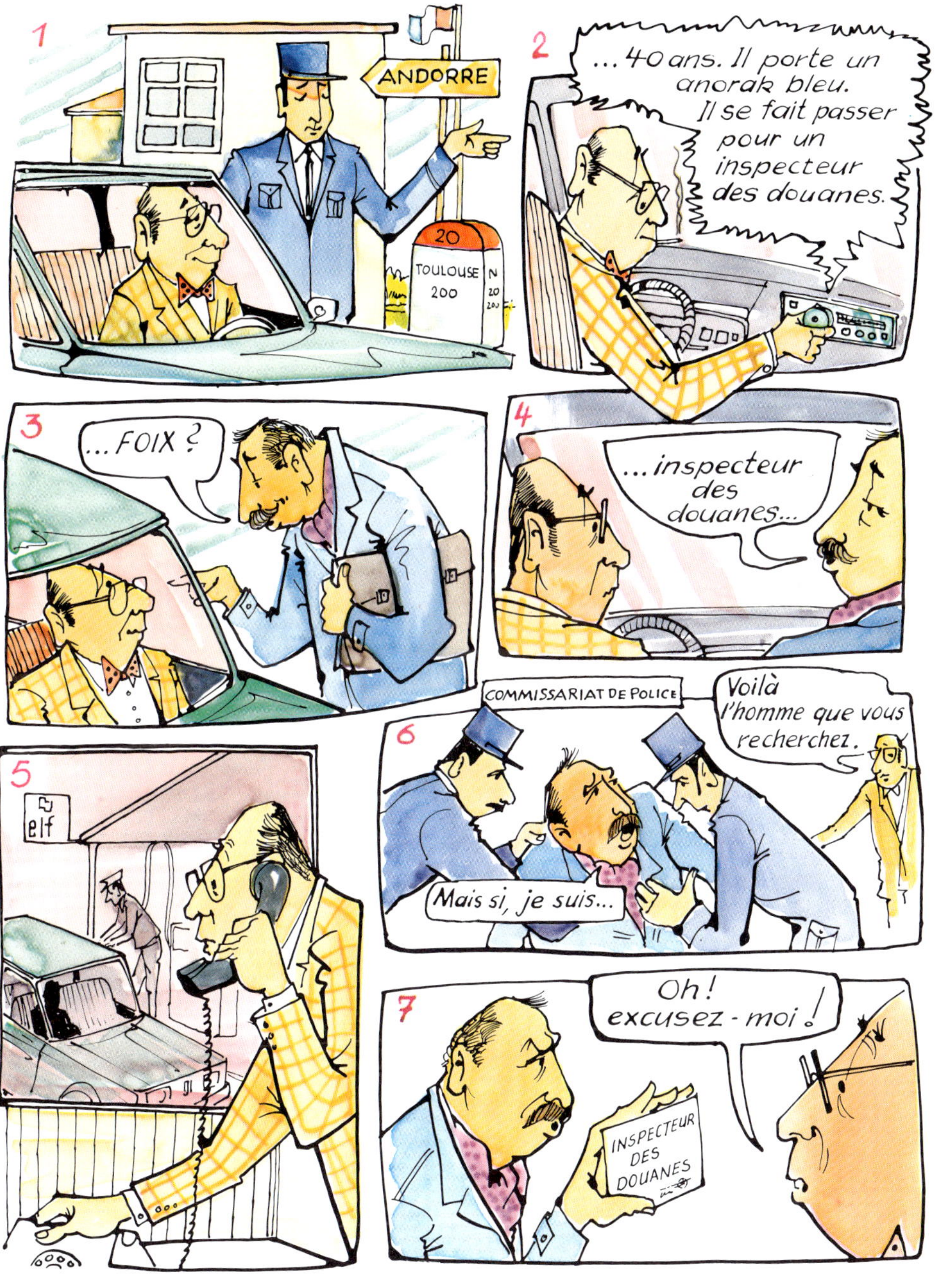

Compréhension orale – Ecoutons la radio.

1. Premier texte: La circulation

Ecoutez le texte.

a) *Répondez aux questions.*
1. A qui est-ce que le journaliste s'adresse?
2. De quelle région est-ce qu'il parle?
3. Quel jour est-ce?
4. Pourquoi est-ce que la circulation est difficile?

b) *Lisez ces questions, puis écoutez le texte une deuxième fois; prenez des notes pour pouvoir ensuite répondre aux questions.*
1. De quelle autoroute est-ce qu'on parle?
2. Il y a combien de bouchons sur l'autoroute?
3. Qu'est-ce qu'il y a après Mantes?
4. Il y a un bouchon de combien de kilomètres après Rocquencourt?
5. Qu'est-ce qu'on demande aux automobilistes de faire, à Rocquencourt?

2. Deuxième texte: La météo du 4 décembre

Ecoutez le texte.

a) *Répondez aux questions.*
1. De quelle région de France est-ce que le journaliste parle?
2. Quel temps fait-il ce jour-là?

b) *Regardez la carte et cherchez Ste-Marie-aux-Mines, Ensisheim, Colmar et Mulhouse. Maintenant, lisez ces phrases, puis écoutez le texte une deuxième fois. Dites ensuite si c'est juste ou faux. Quand c'est faux, corrigez la phrase.*
1. C'est la météo du soir.
2. La circulation est difficile sur la Nationale 59.
3. A Ste-Marie-aux-Mines, il a plu toute la nuit.
4. Il y a du brouillard, mais on peut rouler assez vite.
5. La Nationale 83 est bloquée.
6. Pour aller de Mulhouse à Colmar, il faut prendre la Nationale 83.

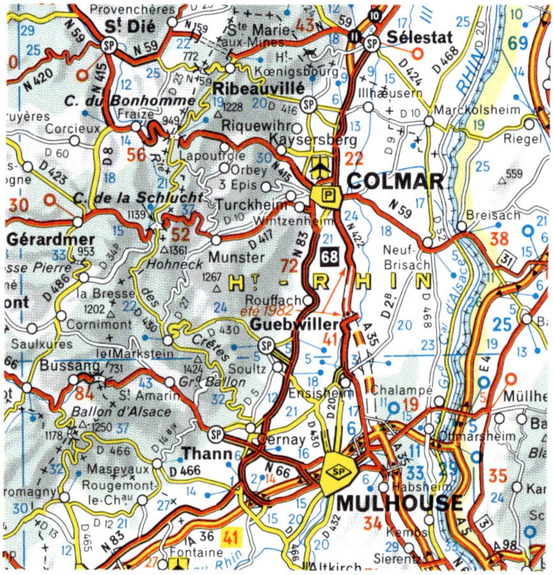

© D'après carte du Pneu Michelin N° 989, édition 1982

3. Troisième texte: Message personnel

Ecoutez le texte.

a) *Répondez aux questions.*
1. Comment s'appelle le monsieur?
2. Où est-ce qu'il habite?
3. Qu'est-ce qu'il a comme voiture?
4. Qu'est-ce qu'on lui demande de faire?

b) *Ecoutez le texte une deuxième fois. Notez le numéro d'immatriculation et le numéro de téléphone.*

Révision 2 **Leçons 4–6**

1. «Y», «en» et les pronoms personnels

Centre SNCF de Merlette, 7 heures du soir. Claire pose des questions à Catherine.
Exemple: – Tu reviens **de la station?** – Oui, j'**en** reviens.

1. Tu es restée combien de temps **à la station?** (– J' … une heure.)
2. Tu as téléphoné **à tes parents?** (– Oui, je …)
3. Tu as écrit **à ta copine Simone?** (– Non, …)
4. Tu vas aller **à la station** demain? (– Oui, …)
5. Tu as fait **du ski de fond** hier après-midi? (– Oui, … un peu.)
6. Chantal a déjà parlé **au moniteur?** (– Oui, …)
7. Alors, elle va prendre **des leçons de ski?** (– Oui, …)
8. Tu aimes bien **les moniteurs?** (– Oui, … bien.)
9. Tu trouves **Gérard** sympathique? (– Oui, … assez …)
10. Tu vois **la petite brune** là-bas? (– Oui, …) – Eh bien, c'est la nouvelle copine de Gérard.

2. La négation

a) Qui est-ce? *Répondez aux questions. Essayez de trouver qui c'est. (C'est un personnage de notre livre.)*
Exemple: 1. C'est une femme? – Non, ce n'est pas une femme.

2. Ses parents ont un hôtel-restaurant à Poitiers? (– Non, ils …)
3. Il habite à Marbourg? (– Non, …)
4. Il a une camionnette verte? (– Non, …)
5. Il a préparé des crêpes avec sa sœur? (– Non, …)
6. Les parents de Sylvie l'ont invité pour l'apéritif? (– Non, …)
7. Il a dû attendre Françoise à la gare de l'Est? (– Non, …)
8. Il aime les cigares? (– Non, …)
9. Il travaille à la SNCF? (– Non, …)
10. Il a proposé à Claire et à Jeanne de faire du ski de fond? (– Non, …)
11. Il doit souvent livrer des machines en Italie? (– Non, …)
12. C'est un inspecteur des douanes? (– Non, …)
13. Il habite à Toulouse? (– Oui, …)
14. Il a été en Andorre? (– Oui, …) – Alors, c'est …

b) *A vous.*
Tu penses à un personnage du livre. Tes camarades essaient de trouver qui c'est.

3. Les pronoms personnels disjoints et l'accord du participe passé avec «avoir»

Faites des dialogues. Exemples:
– Qui a pris **la cassette que j'ai mise** sur la table? C'est Pierre?
– Oui, c'est **lui** qui **l'a prise.**

1. les clés (Monique?)
2. la raquette (toi?)
3. le disque (Annick et Françoise?)
4. les livres (Luc et Jacques?)
5. les revues (vous, Alain et Yves?)
6. le magnétophone (toi?)
7. la lettre (Marc?)
8. les lunettes (vous, madame?)
9. les médicaments (Eric?)
10. la photo (Gérard et Nicole?)

A Un déjeuner en famille

A 1. Mettre la table

a) Qu'est-ce qu'il faut pour mettre la table?
– Il faut des assiettes, des .... *Continuez.*

b) Ce soir, c'est Serge qui a mis la table.
Est-ce qu'il a tout mis?
Regardez le couvert n° 1.
– Oui, au couvert n° 1, il a tout mis.
Regardez le couvert n° 2.
– Tiens! il n'y a pas de .... *Continuez.*

c) Est-ce que Serge a tout mis à sa place?
– Oui, au couvert n° 1, il a tout mis à sa place. Mais au couvert n° 2, la petite cuillère est à gauche de l'assiette. Il faut la mettre devant. *Continuez.*

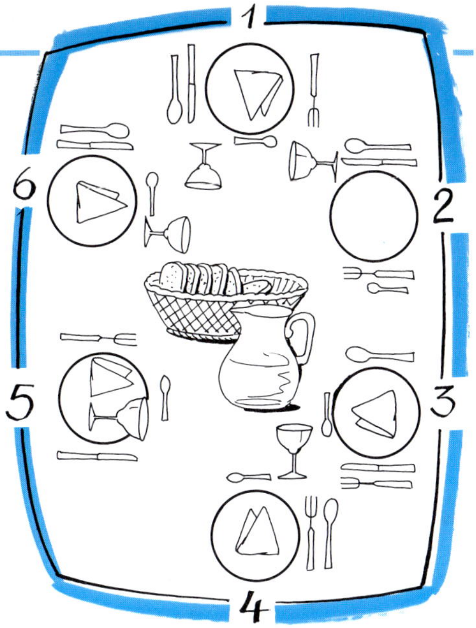

2. A vous *Répondez aux questions.*

1. Petra n'a plus faim: pourquoi?
2. Est-ce que tu as déjà mangé du pain français? Qu'est-ce que c'est comme pain?
3. Est-ce que tu manges du pain au déjeuner?
4. Qu'est-ce que tu bois à table? Et tes parents?
5. Qui met la table chez toi? Qui enlève les couverts après le repas?

3. A table

Tu es dans un centre de vacances en France. Toi et tes camarades français, vous êtes à table.

On te demande/dit: « ... »
Tu demandes/dis: « ... »
– Tu peux me passer ..., s'il te plaît?
– Passe-moi ....
– Tu veux (encore) ... ?
– Qui veut (encore) ... ?
– Tu ne veux plus de ... ?
– Tiens, sers-toi.
– Je te sers?
– Tu aimes ... ?
– Tu n'aimes pas ... ?
– Il est bon, ce ..., hein?

Tu réponds: « ... »
On te répond: « ... »
– (Oui.) Tiens, le voilà.
– Oui, j'en veux bien.
– Non, merci. (Je n'ai plus faim).
– Moi, | – Si, si, (mais juste un peu./ mais un petit morceau./ mais tu n'en mets pas trop, s'il te plaît.)
– Merci.
– Oui, je veux bien.
– Oui,/Si, j'aime bien.
– Non, je n'aime pas (tellement).
– Oui, il est vraiment très bon.

Faites des dialogues. Exemple: – Tu peux me passer le pain, s'il te plaît?
– Oui. Tiens, le voilà.

B Un dîner au restaurant

Le chef vous propose

Restaurant
Le Pot-au-feu
13, rue de la Poste
86100 Châtellerault
Tél.: 88.50.09

Menu N° 2 (95 F)

Hors-d'œuvre
au choix:
Salade de tomates
Pâté du chef
Melon glacé

Viandes et légumes
au choix:
Rôti de bœuf
Frites
Côtelettes d'agneau
Haricots verts
Lapin aux herbes fraîches
Petits pois

Plateau de fromages

Desserts
au choix:
Crêpe confiture
Tarte maison
Ananas frais
Glaces

Service compris
Boisson non comprise

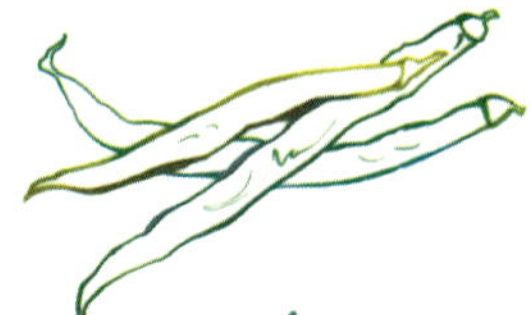

1. Les Royer ne sortent pas souvent. Mais aujourd'hui, c'est l'anniversaire de Mme Royer. Alors, M. Royer propose à sa femme et à sa fille Jacqueline d'aller dîner au «Pot-au-feu», un petit restaurant qui se trouve rue de la Poste. Jacqueline n'a pas envie d'y aller. Elle veut rester à la maison.

M. Royer: Ecoute, Jacqueline, tu sors presque tous les soirs ... Avec qui, au fait? ... Un garçon, non? ... Et le jour de l'anniversaire de ta mère, tu ne veux pas aller au restaurant avec nous!

Jacqueline: Ce n'est pas ça. Je veux bien aller au restaurant avec vous, mais pas au «Pot-au-feu». Pourquoi est-ce qu'on ne va pas au «Gourmet», par exemple?

M. Royer: J'ai déjà réservé la table!

Jacqueline: Bon, d'accord, je viens avec vous.

2. Vers 8 heures, les Royer arrivent au «Pot-au-feu». Le garçon leur montre la table réservée. Sur la table, il y a quatre couverts. Il enlève le quatrième.
Sur la carte, il y a trois menus: un à 72 F, un à 95 F et un à 118 F.
Le menu le plus cher propose du poisson et de la viande. Les Royer ne le prennent pas: c'est trop pour le soir! Le menu à 72 F est le moins cher, seulement, il ne propose pas «Fromages et desserts», mais «Fromages ou desserts».
Alors, les Royer choisissent le menu à 95 F.
Comme hors-d'œuvre, M. Royer prend du pâté. Sa femme et sa fille, elles, choisissent la salade de tomates: elles trouvent que la salade est plus légère que le pâté.
– Peut-être, mais c'est moins bon, dit M. Royer, qui aime beaucoup le pâté.
Comme viande, Mme Royer prend du lapin, son mari du rôti de bœuf et Jacqueline des côtelettes d'agneau.

Le garçon: Qu'est-ce que vous prenez comme vin? Vous avez déjà choisi?

M. Royer: Hum! je ne sais pas trop. Qu'est-ce qu'on prend: du rouge ou du rosé?

Mme Royer: Le rouge, c'est aussi bon que le rosé. Et puis, c'est moins cher.

M. Royer: Bon. Alors, prenons du rouge. Avec la viande, le rouge est meilleur que le rosé.

3. Après le fromage, M. Royer veut commander les desserts. Mais voilà le garçon qui arrive avec trois coupes énormes: de la glace avec des fraises. Les Royer sont très surpris.

Le garçon: C'est le fils du patron qui vous offre ce dessert. C'est pour l'anniversaire de madame.

M. Royer: Ça alors! Vous le connaissez, vous deux, le fils du patron?

Mme Royer: Non. Moi, je ne le connais pas; mais lui, il me connaît peut-être .... Hmm! elle est vraiment bonne, cette glace.

M. Royer: Oui, elle est meilleure que la glace qu'on achète au supermarché.

Après le dessert, les Royer prennent le café. Ensuite, M. Royer veut payer.
– L'addition, s'il vous plaît!
Alors, un jeune homme arrive; il apporte quatre cognacs.
– Je peux vous offrir un cognac?
Mme Royer sourit: elle a compris.
– Ah! c'est vous, le fils du patron. Merci pour la glace. C'est vraiment gentil d'avoir pensé à mon anniversaire.
M. Royer ne comprend plus rien. Alors, le jeune homme explique:
– Eh bien, le garçon qui sort souvent avec votre fille, c'est moi. Et c'est elle qui m'a parlé de l'anniversaire de madame. Alors, à votre santé!
– A la vôtre!

B 1. Les Royer au restaurant

Relisez «Un dîner au restaurant», puis posez à vos camarades des questions sur le texte.
Exemple: – Pourquoi est-ce que M. Royer invite sa femme et sa fille au restaurant?
– Parce que c'est l'anniversaire de sa femme.

2. Cinq restaurants de Villeneuve (§ 33)

	nombre de places	*prix des menus*
Le Gourmet	28	98 F ... 148 F
Le Pot-au-feu	44	72 F ... 118 F
Le Vieux Relais	44	70 F ... 108 F
Le Croissant	19	60 F ... 90 F
Le Buffet de la Gare	120	50 F ... 86 F

a) *Commentez le tableau. Exemple:* Au «Gourmet», il y a 28 places.
Le menu le moins cher est à 98 F, **le plus cher** à 148 F. *Continuez.*

b) Quel est **le restaurant le plus cher** de Villeneuve? Quel est **le moins cher?**
Quel est **le plus petit restaurant** de Villeneuve? Quel est **le plus grand?**

c) *Comparez: regardez le nombre de places et les prix.*
Exemple: «Le Buffet de la Gare» est **plus grand que** «Le Pot-au-feu» et il est **moins cher.**
1. «Le Gourmet» – «Le Pot-au-feu»
2. «Le Croissant» – «Le Gourmet»
3. «Le Vieux Relais» – «Le Pot-au-feu»
4. «Le Croissant» – «Le Buffet de la Gare»

3. A vous (§ 33) *Qui est-ce? Jouez.*

– C'est un garçon? / C'est une fille? – *Oui. / Non.*
Il / Elle est plus grand(e) que Günter / Bärbel / ... ? /
moins grand(e) que ... ? / aussi grand(e) que ... ?
C'est le plus grand / le plus petit / la plus grande / la plus petite de la classe?
Il / Elle est plus sportif / sportive que Günter / Bärbel ... ? /
moins sportif(-ive) que ... ? / aussi sportif(-ive) que ... ?
Il / Elle est meilleur(e) en français / ... qu'en allemand / ... ?
Il / Elle a les cheveux blonds / bruns / noirs / ... ?
Il / Elle a les yeux bruns / bleus / verts / gris / noirs?
Il / Elle porte des lunettes?

Alors, c'est Ralf / Monika / ... ?

4. Questions (§ 33)

a) 1. – Est-ce que la glace qu'on mange au restaurant est moins bonne que la glace qu'on achète au supermarché?
– Oui. Moi, je trouve qu'elle est moins bonne. / Non. Moi, je trouve qu'elle ....
2. Est-ce que les crêpes au miel sont moins bonnes que les crêpes à la confiture?
3. Est-ce que les tartes aux pommes sont meilleures que les tartes aux fraises?
4. Est-ce que les repas qu'on prend à la maison sont aussi bons que les repas qu'on prend au restaurant?
5. Quel est le meilleur restaurant de votre ville?

b) 1. Est-ce que Marseille est la plus grande ville de France?
2. Est-ce que Vienne (en Autriche) est plus grand que Paris?
3. Est-ce que l'Allemagne est aussi grande que la France?

c) 1. Est-ce que le ski de fond est aussi dangereux que le ski de piste?
2. Est-ce que passer ses vacances avec ses parents est aussi sympathique que partir avec des jeunes?
3. Est-ce que l'avion est plus dangereux que le train?

5. Quels pays est-ce que vous connaissez? (§ 34)

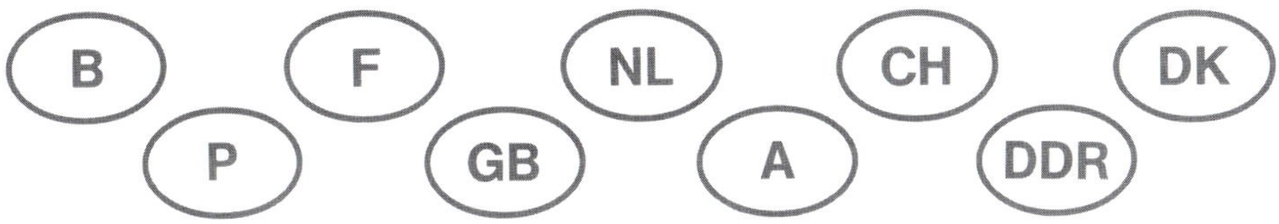

a) *Faites les dialogues. Employez le verbe* connaître.
– **Tu connais** la Belgique? / ... ?
– Oui, **je connais.** J'y suis déjà allé(e). /
Non, **je ne connais pas.** Je n'y suis jamais allé(e).
(Mais mon père, lui, il ... / Mais ma mère, elle, elle ... / Mais mes parents, eux, ils ...)

b) *Posez les questions à votre professeur.*
– Est-ce que vous ... la Belgique? / ... ?

6. Au restaurant, en France

Tu passes quinze jours en France chez ton ami(e) français(e).
Un soir, toi, ton ami(e) et ses parents, vous voulez dîner au restaurant.

1. A 6 heures, la mère de ton ami(e) téléphone au restaurant: pourquoi?
2. Vous entrez au restaurant. Que demande le garçon? Que répond la mère de ton ami(e)?
3. Le garçon vous montre une table. Qu'est-ce qu'il y a sur cette table?
4. Le garçon apporte la carte. Qu'est-ce qu'on peut voir sur la carte?
5. Quelle autre carte est-ce que le garçon vous donne?
6. Quel vin est-ce qu'on boit avec le poisson? Et avec le rôti?
7. Quand est-ce qu'on commande le dessert?
8. Qu'est-ce que vous buvez après le dessert?
9. Qu'est-ce qu'on dit au garçon quand on veut payer?

7. A vous

a) M. et Mme Amblard sont au «Pot-au-feu». Ils regardent la carte.
Ils parlent d'abord du menu qu'ils vont prendre; ils choisissent le menu à 95 F.
Ensuite, ils parlent des hors-d'œuvre, des viandes et des légumes qu'ils veulent manger et du vin qu'ils veulent boire. Enfin, M. Amblard appelle le garçon et commande.

Faites le dialogue entre M. et Mme Amblard,
puis le dialogue entre M. Amblard et le garçon.

b) *Faites l'interprète.*
Tu es au «Pot-au-feu» avec tes parents et ta sœur.
Vous choisissez le menu à 95 F. Le garçon arrive.
Ton père commande en allemand et toi, tu fais l'interprète.

Formez des groupes, préparez le dialogue avec le garçon, puis jouez la scène.

M. Schmitz a commandé en français: voilà le résultat!

Le chômage (article de revue)

«Etre au chômage, ce n'est pas être en vacances, vous savez!»

■ Rue Marius-Lefèvre, dans un des quartiers ouvriers de Marseille. Une femme de 45 ans entre dans une boucherie chevaline.
– Deux biftecks, s'il vous plaît, Mme Fabre.
– Voilà, Mme Bérenger. Est-ce que je les note?
– Oh! vous êtes bien gentille, madame! Je vous paie samedi, vous voulez bien?
Quand elle est sortie, le boucher dit à sa femme:
– Elle ne vient pas souvent.
– Non. Que veux-tu, son mari est au chômage.

■ Quand Mme Bérenger rentre, son mari lit les annonces d'un journal du soir.
– Alors, il y a du nouveau dans les offres d'emploi?
– Rien. Toujours rien. On cherche des ingénieurs à La Ciotat, mais pas d'ouvriers – malheureusement.
– Vas-y demain, Jean. On ne sait jamais. Peut-être qu'ils ont quand même une place. C'est mieux de demander en personne.

■ M. Bérenger, 47 ans, deux enfants, a travaillé dans un chantier naval pendant treize ans. Mais, en janvier 1982, la maison a dû fermer ses portes, et on a licencié tous les ouvriers. Depuis un an et demi, il cherche un emploi, mais à son âge, et surtout dans la construction de bateaux, il n'est pas facile d'en trouver un.

■ M. Bérenger touche l'allocation de chômage, mais ça lui fait beaucoup moins d'argent qu'avant, et la famille doit vivre très modestement. Il a vendu sa voiture; sa femme ne s'achète plus de robes; leurs enfants, Marie-Laure et Etienne, travaillent pendant leur temps libre pour se faire un peu d'argent de poche.

■ M. Bérenger dit:
– A mon âge, on a sa famille, ses amis, ses habitudes. Mais je n'ai plus envie de voir mes amis. Quand je suis avec eux au café, ils parlent de leur travail, de leurs vacances. Moi, je n'ai rien à leur dire. Etre au chômage, ce n'est pas être en vacances, vous savez! Et puis, ils me demandent: «Comment ça va? Tu as trouvé du boulot?» Et quand arrive le moment de payer, il y en a toujours un qui me dit: «Attends, je vais payer pour toi. Je ne suis pas au chômage, moi.» Quand on est sans travail, on se demande vraiment si on sert encore à quelque chose!

a) *Lisez cet article de revue, puis répondez aux questions.*
1. Où se trouve Mme Bérenger dans la première partie du texte (lignes 1–15)?
2. A quel moment de la journée se passe la deuxième partie (lignes 16–26)?
3. Qu'est-ce que l'auteur de l'article explique dans la troisième partie (lignes 27–35)?
4. De quel problème est-ce qu'il parle dans la quatrième partie (lignes 36–44)?
5. Dans la dernière partie du texte, M. Bérenger parle de lui. De qui est-ce qu'il parle aussi?

b) *Relisez le texte, puis répondez aux questions.*
   1. Pourquoi est-ce que Mme Bérenger achète sa viande dans une boucherie chevaline?
   2. Pourquoi est-ce qu'elle dit à son mari d'aller à La Ciotat le lendemain?
   3. Pourquoi est-ce que M. Bérenger a des problèmes pour trouver un emploi?
   4. Pourquoi est-ce qu'il a vendu sa voiture?
   5. Pourquoi est-ce qu'il n'a plus envie de voir ses amis?

c) Marie-Laure/Etienne écrit une lettre à un(e) ami(e).
   Dans cette lettre, elle/il parle des problèmes qu'il y a dans sa famille.

   Ecrivez la lettre.

Compréhension orale – Une nuit dans la voiture

a) *Regardez la carte et dites où se trouvent Montélimar, Pierrelatte, Orange, Avignon, Cavaillon et Tarascon.*

b) *Maintenant, écoutez le texte.*

c) *Répondez aux questions.*
   1. Qu'est-ce que le grand-père lit?
   2. Dans quelle ville est-ce que Serge se trouve?
   3. Avec qui est-ce qu'il est dans cette ville?
   4. Pourquoi est-ce qu'il y est?

d) *Lisez ces questions, puis écoutez le texte une deuxième fois. Ensuite, répondez aux questions.*
   1. Pourquoi est-ce qu'ils ne couchent pas à Pierrelatte? à Orange? à Cavaillon?
   2. Où est-ce qu'ils passent la nuit?
   3. Pourquoi est-ce qu'ils ne peuvent pas partir tout de suite, le matin?

© *D'après carte du Pneu Michelin N° 910, édition 1982*

A Les camarades de Noëlle

1. Noëlle Lacoste est élève de troisième au collège Jeanne-d'Arc, à Apt, en Provence. Ses parents habitent un village dans la montagne, et elle ne peut pas aller et revenir dans la journée; alors, ils l'ont mise à l'internat de son collège. C'est pourquoi elle voit sa famille le week-end seulement. Aujourd'hui, c'est samedi. Noëlle vient de rentrer à la maison. Elle est en train de boire le café avec ses parents.

2. *Mme Lacoste:* Tu as fait des dessins, cette semaine?
Noëlle: Oui. Mercredi, je me suis amusée à dessiner mes copines de dortoir. Attendez, je vais vous montrer. Ça, c'est Sylvie. Elle dort tout le temps. Alors, on l'appelle «la Marmotte». Ce jour-là, elle s'est mise au lit à 7 heures! Je lui ai enlevé ses couvertures, mais elle ne s'est pas levée: elle a crié, s'est recouverte et a continué à dormir jusqu'au matin.

3. *M. Lacoste:* Et là, c'est Janine, hein? Dis donc, elle est toujours aussi jolie!
Noëlle: Oui, mais elle est toujours aussi méchante. Par exemple, elle sait très bien que Bernard est amoureux d'elle, eh ben, hier soir, elle s'est moquée de lui devant tout le monde.
Mme Lacoste: Bernard? Qui est-ce?
Noëlle: Un garçon très gentil, mais qui ne parle pas beaucoup. Ses parents ont divorcé et, après, ils ne se sont jamais occupés de lui. Il va tous les dimanches dans la montagne avec son ami François et M. Rioux, notre prof de géo. Personne ne connaît le Lubéron comme eux.

4. *Mme Lacoste:* Et la Noire, c'est qui?
Noëlle: C'est Violaine, une fille de la Martinique. Elle vient d'entrer à l'internat. Là, elle est en train de se faire un pull. Chez elle, il fait plus chaud qu'en France, alors vous pensez, elle a souvent froid ici!

8

A 1. A l'internat du collège Jeanne-d'Arc *Répondez aux questions.*

1. Pourquoi est-ce que les Lacoste ont mis Noëlle à l'internat?
2. Quand est-ce que Noëlle rentre à la maison?
3. Qu'est-ce qu'elle aime faire pendant son temps libre?
4. Pourquoi est-ce qu'on appelle Sylvie «la Marmotte»?
5. Comment est Janine?
6. Est-ce qu'elle plaît à Bernard?
7. Est-ce qu'elle est gentille avec lui?
8. Pourquoi est-ce que Bernard est à l'internat du collège?
9. Qu'est-ce qu'il fait le dimanche?
10. De quel pays vient Violaine?

2. Qu'est-ce qu'ils viennent de faire? / Qu'est-ce qu'ils vont faire? (§ 36)

1. Est-ce que Pierre a réparé son magnétophone?
   – Oui, il **vient de** le réparer.
2. Est-ce qu'il a réparé sa raquette?
   – Non, mais il **va** la réparer tout de suite.

Continuez. Est-ce que … ?

3. … Jörg a photographié la tour Eiffel?

4. … Jeanne a mangé la dernière crêpe?

5. … Sylvie a téléphoné à M. Martin?

6. … Barbara a mis sa lettre à la boîte?

7. … Pascal a pris les billets?

8. … Gérard et Catherine se sont inscrits au cours de tennis?

9. … Claire et Jeanne ont mis leurs skis?

10. … M. et Mme Royer ont mangé leurs glaces?

3. Noëlle montre ses dessins à ses parents. (§ 36)

1. Ça, c'est Violaine. Là, elle est **en train de** se faire un pull. 2. Ça, c'est … *Continuez.*

4. Aujourd'hui, c'est dimanche. (§ 37)

a) *Lisez le texte.*
Noëlle se lève à 8 heures. Elle va dans la cuisine pour prendre le petit déjeuner avec ses parents. Ensuite, elle s'amuse un moment avec son petit frère. A 10 heures, elle sort pour aller retrouver ses copains et ses copines. Elle et ses camarades vont dans un café. A un moment, un de ses copains se moque d'elle. Alors, elle rentre à la maison. A midi et demi, toute la famille se met à table. Vers 2 heures, Noëlle monte dans sa chambre. Elle se met au lit pour faire une petite sieste. Vers 4 heures, son petit frère vient dans sa chambre. Elle se lève. Ils descendent à la salle de séjour pour regarder un film drôle à la télévision. Ils s'amusent bien. Ils ne s'ennuient vraiment pas! A 6 heures, Noëlle retourne dans sa chambre pour préparer ses affaires. A 6 heures et demie, Noëlle et sa mère partent de la maison. Elles s'arrêtent chez un voisin. Ensuite, elles vont à l'arrêt du car. A 8 heures et demie, Noëlle arrive au collège. Elle ne se couche pas tout de suite. Elle va retrouver Violaine et Janine dans la cour de l'internat.

b) Le lendemain, au collège, Noëlle raconte:
Hier, **je me suis levée** à 8 heures. **Je suis allée** .... *Continuez.*

c) *Ecrivez le texte (b) dans votre cahier.*

d) *A vous. Qu'est-ce que vous avez fait dimanche? Racontez.*

B Les points jaunes ...

1. Dimanche matin, au collège. Violaine et Janine veulent partir avec les amis du Lubéron.

M. Rioux: Aujourd'hui, nous allons nous occuper du chemin qui va de Castellet au Mourre Nègre. On ne le voit plus sous les broussailles. Il va falloir employer la machette pour couper tout ça!
François: Vous, les filles, vous allez refaire les balises. On ne les voit presque plus, les points jaunes.
M. Rioux: C'est ça. Donne-leur le pot de peinture jaune, François. Il est dans la cave. Et les machettes sont à côté. Apporte-les aussi.
Janine: De la peinture dans la montagne? Ah, ah, ah! ne me racontez pas d'histoires!
Bernard: Si, si! On l'emploie pour baliser les chemins. Vous allez mettre des points jaunes, par exemple, sur les arbres, ou sur ... euh ... enfin, là où on les voit bien. Et mettez-en deux quand le chemin tourne à gauche ou à droite.
M. Rioux: Mais n'y va pas avec ces chaussures légères, Janine!

2. Ils vont en voiture jusqu'à Castellet – et les voilà partis dans le Lubéron. Leur chemin monte, monte. Bientôt, c'est un tout petit sentier et, maintenant, il se perd sous les broussailles. Alors, à grands coups de machette, M. Rioux et les garçons ouvrent le chemin. Et les filles mettent les points jaunes. Il fait chaud, et tout le monde est fatigué quand, à une heure, ils arrivent au Mourre Nègre. Là, ils ont une très belle vue sur les Alpes.

3. Ils s'assoient sous les grands arbres pour manger et boire. Janine s'assoit à côté de François.

Janine: Je peux m'asseoir ici?

François: Oui, oui. Assieds-toi.

Janine: Tu sais, je t'ai vu faire avec la machette: formidable! Dis, euh, est-ce qu'on ne pourrait pas sortir ensemble samedi après-midi?

François: Non, Janine. Je ne veux pas. Tu t'es montrée trop méchante avec Bernard.

Janine: Té! il est bête, Bernard. Et toi aussi. Je me demande pourquoi je me suis assise à côté de toi.

M. Rioux: Ecoutez-moi, tout le monde! Bernard vient de me dire que, la semaine dernière, il a découvert, à six kilomètres d'ici, un petit sentier, et il voudrait voir s'il va à Sivergues. Allez-y avec lui, vous avez assez travaillé. Moi, je redescends sur Castellet et je fais les balises du retour. Ensuite, je vais à Sivergues en voiture et je vous attends là-bas. A tout à l'heure!

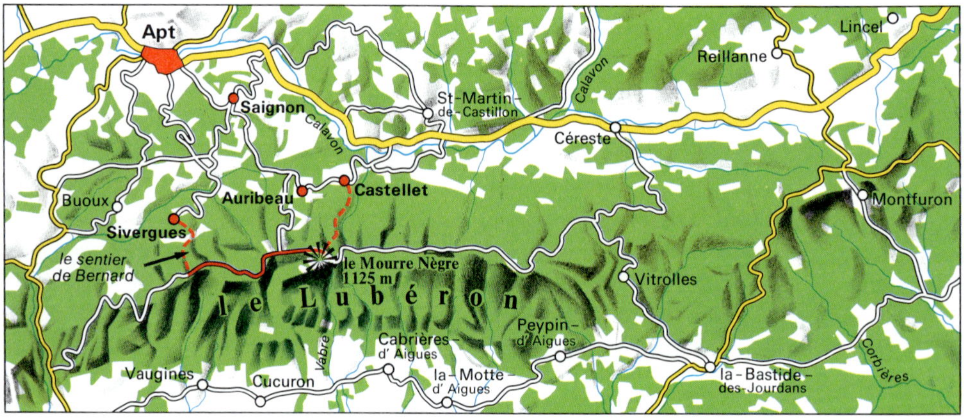

C … et les points rouges

1. Les camarades ont trouvé le petit sentier de Bernard. Ils commencent la descente, mais dix minutes après, plus de sentier! Alors, ils continuent comme ils peuvent, et descendent tout droit. Ça leur plaît beaucoup. Mais, tout à coup, Janine crie! crie! … et Bernard, qui est près d'elle, voit une vipère filer sous les broussailles … et sur le pied de Janine, deux petits points rouges.

2. Janine, blanche de peur, perd la tête et se met à courir. Bernard lui court après et l'attrape. Il prend son foulard et fait un garrot à Janine. Puis il la charge sur son dos. François lui ouvre le chemin à la machette, et Bernard descend. Ce n'est vraiment pas facile, parce que, bientôt, Janine commence à peser. Mais il faut l'amener chez le médecin le plus vite possible. Janine pleure. Violaine essaie de la calmer. Bernard ne parle pas. Il est couvert de sueur.

3. Vingt minutes après, ils arrivent sur le chemin de Sivergues. Maintenant, François peut aider Bernard à porter Janine, et ça va plus vite. Bientôt, ils voient les premières maisons. M. Rioux les attend sur le parking.

M. Rioux: Mais qu'est-ce qu'elle a?

Violaine: C'est une vipère … une vipère qui l'a piquée.

M. Rioux: Oh là là! En voiture tout le monde, et dépêchez-vous!

4. M. Rioux file sur Apt. Et une demi-heure après, ils sont chez le docteur Murat qui s'occupe tout de suite de Janine. Quand, enfin, elle sort de chez lui, elle sourit.

Janine: Ça va maintenant. Il m'a fait une piqûre. Il n'y a plus de danger. Bernard, tu as été vraiment formidable! Je regrette d'avoir été méchante avec toi. Tu m'en veux encore?

B+C 1. Dans le Lubéron

Les points jaunes – Répondez aux questions.

1. Qui va dans le Lubéron ce jour-là?
2. Qu'est-ce qu'il faut faire pour ouvrir un chemin? Et pour le baliser?
3. Que font M. Rioux et ses élèves quand ils arrivent au Mourre Nègre?
4. Pourquoi est-ce que Janine s'assoit à côté de François?
5. Pourquoi est-ce que François ne veut pas sortir avec elle?
6. Que fait M. Rioux après le repas? Et ses élèves?

Les points jaunes … et les points rouges

a) *Regardez la carte (page 80), puis décrivez le chemin que M. Rioux et les quatre jeunes ont fait.*
b) *Relisez le texte C (page 81), puis résumez-le au présent.*
c) *Répondez aux questions.*
   1. Pourquoi est-ce qu'il ne faut pas aller dans la montagne avec des chaussures légères?
   2. Pourquoi est-ce que Janine dit à Bernard: «Tu m'en veux encore»?
   3. Qu'est-ce que Bernard va répondre à Janine? Tu as une idée?

2. M. Rioux a invité des élèves chez lui. (§ 39)

a) 1. Où est-ce que Noëlle **s'assoit?** – Elle s'assoit sur une chaise.
b) 1. *Noëlle:* Où est-ce que **je m'assois?** – *M. Rioux:* **Assieds-toi** sur la chaise.
   2. *Bernard et Janine:* Où est-ce que nous nous … ? – *M. Rioux:* … .
c) 1. Où est-ce que Noëlle **s'est assise?** – Elle s'est assise sur une chaise.

3. Chez les Pradel (§ 38) Serge et Petra, sa copine allemande, se mettent à table.

Serge: Petra, **tu te mets** à côté de moi?
Petra: Pardon? / Comment? Je n'ai pas compris. / Qu'est-ce que tu dis?
Serge: **Mets-toi** à côté de moi.
Petra: D'accord. *Faites le dialogue.*

Serge:
1. Tu te mets à côté de moi?
2. Tu me passes le pain, s'il te plaît?
3. Tu te sers?
4. Tu me donnes du vin, s'il te plaît?
5. Bon. Alors, tu te lèves et tu vas chercher une bouteille à la cave.
6. Tu me donnes ton dessert, s'il te plaît?
7. Tu te dépêches un peu? J'ai envie d'aller au cinéma avec toi à 2 heures.

Petra:
- Du vin? Il n'y en a plus.
- Mon dessert? Non, pas question!
- D'accord.
- Tiens, le voilà.
- Eh bien, moi, je n'ai pas du tout envie d'aller au cinéma avec toi!
- Oui, je vais me servir tout de suite.
- Moi, aller chercher une bouteille à la cave? Ah non, alors!

– Calme-toi. J'ai dit ça pour me moquer un peu de toi. Mais je t'aime bien, tu sais.

4. A la maison (§ 38) Dialogues entre Mme Duc et ses deux fils

Exemple:
- Tu **n'en manges pas,** de rôti?
- Non, je n'aime pas ça.
- Allez, **manges-en.**
- Non, je te dis que je n'aime pas ça.
- Bon. Alors, **n'en mange pas!**

Faites les dialogues.

a) Le matin; Mme Duc à Paul:
1. Tu ne te lèves pas?
   (– Il est trop tôt.)
2. Tu ne le bois pas, ton café?
   (– Je n'en veux plus.)
3. Tu n'en manges pas, de croissants?
   (– Je n'ai pas faim.)

b) L'après-midi; Mme Duc à Pierre:
1. Tu n'y vas pas, à la poste?
   (– Je ne veux pas.)
2. Tu ne lui écris pas, à grand-mère?
   (– Je n'ai pas envie.)
3. Tu ne leur téléphones pas, aux Lacoste?
   (– Ça ne me dit rien.)

c) Le soir; Pierre et Paul à leur mère:
1. Tu ne les fais pas, nos exercices?
   (– Je n'ai pas le temps.)
2. Tu ne la mets pas, la télé?
   (– Il n'y a rien ce soir.)
3. Tu ne nous dis pas bonne nuit?
   (– Vous avez été trop méchants aujourd'hui.)

5. Qu'est-ce qu'il faut dire?

Employez l'expression qui convient.

Attention au départ!
Et sportif avec ça!
Allô! oui; j'écoute.
Tu m'en veux encore?
Le plein, s.v.p.!
A tout à l'heure!
Que c'est beau!
Pas question!
L'addition, s.v.p.!
Bonne route!
Rien à déclarer?
Ça alors!
J'en ai marre, j'arrête.
Bon anniversaire!
Oui. Ça y est, j'ai fini.

1. Tu as été méchant(e) avec une copine. Tu lui demandes pardon. Qu'est-ce que tu lui dis ensuite?
2. Il est 10 heures du matin. Tu donnes rendez-vous à un copain pour midi. Vous vous quittez. Qu'est-ce que tu lui dis?
3. Le petit frère d'un de tes copains veut prendre des photos avec ton nouvel appareil. Tu n'es pas d'accord. Qu'est-ce que tu lui dis?
4. Tu es au restaurant. Tu veux payer. Qu'est-ce que tu dis au garçon?
5. Tu es en France avec tes parents. Vous vous arrêtez à une station-service. Ton père ne connaît pas le français. Il veut faire le plein. Qu'est-ce que tu dis à l'employé?
6. Vous avez fait le plein. Vous allez reprendre votre route. Que vous dit l'employé de la station-service?
7. Tu fais du ski avec un copain. Tu tombes sans arrêt. Tu as froid. Tu veux rentrer. Qu'est-ce que tu dis à ton copain?
8. Une copine te raconte qu'on lui a volé son argent au collège. Qu'est-ce que tu dis?
9. Ta copine française te propose d'aller au café avec elle. Tu es en train d'écrire une lettre. Un quart d'heure après, elle te dit: «Alors, on y va?» Tu es d'accord. Qu'est-ce que tu lui dis?
10. Un de tes copains a 16 ans aujourd'hui. Qu'est-ce que tu lui dis?

Leçon 8

La Provence

Ses paysages

La Camargue

En Camargue, il y a des marais et des étangs. C'est le delta du Rhône qui a formé ce paysage.
On rencontre, en Camargue, des taureaux et des chevaux. Il y a aussi des flamants. Comme il y a beaucoup d'eau dans cette région, on y cultive surtout du riz.

Castellet, dans le Lubéron

Le Lubéron est une montagne longue de 65 kilomètres. On peut y faire de très belles promenades.
Les maisons du village de Castellet ont des toits plats qui sont couverts de tuiles rouges. Ces toits sont typiques de la Provence.

Champs de lavande et oliviers

Les villages de Provence se trouvent souvent sur des collines.
Près de ces villages, on peut voir des oliviers et des champs de lavande. Avec les olives, on fait de l'huile, et avec la lavande, des parfums. En Provence, on cultive aussi des fruits, des légumes et de la vigne.

Son histoire

Le Pont du Gard

C'est peu avant Jésus-Christ que les Romains bâtissent cet aqueduc haut de 49 mètres et long de 275 mètres.
A cette époque, le pont du Gard amène l'eau jusqu'à la ville de Nemausus (aujourd'hui, Nîmes).

Avignon: le Palais des Papes et le pont St-Bénézet

De 1309 à 1403, les papes ne vivent pas à Rome, mals à Avignon. Ce sont eux qui ont bâti le château qu'on appelle aujourd'hui le Palais des Papes. Au premier plan, sur le Rhône, on voit le pont St-Bénézet, qui est encore plus vieux que le Palais des Papes. C'est le pont de la chanson «Sur le pont d'Avignon, on y danse ...».

8

Ses jeux et ses fêtes

Une partie de pétanque

La pétanque est un jeu de boules qui vient de Provence, mais on y joue dans toute la France.
Pour jouer, en été, on choisit souvent un terrain qui se trouve sous des arbres: il y fait moins chaud.
Il y a toujours beaucoup de spectateurs.

Une course à la cocarde dans les arènes d'Arles

Les arènes d'Arles sont, comme le Pont du Gard, un monument romain. En été, il y a souvent des courses à la cocarde.
Pendant ce jeu, des hommes et quelquefois aussi des femmes et des enfants essaient d'enlever la cocarde qui se trouve entre les cornes du taureau. Donc, on ne le tue pas.

Le pèlerinage des gitans aux Saintes-Maries-de-la-Mer

«Les Saintes-Maries-de-la-Mer», c'est le nom d'une ville qui se trouve en Camargue. Une légende raconte qu'après la mort du Christ, deux femmes de son entourage, Marie Jacobée et Marie Salomé, sont venues en Camargue avec Sara, leur servante noire. Elles sont arrivées en bateau là où est la ville aujourd'hui. C'est pourquoi on l'appelle «Les Saintes-Maries-de-la-Mer». Tous les ans, en mai, beaucoup de gitans viennent pour fêter, avec toute la ville, les deux saintes et Sara. Il y a une procession: on porte les statues des deux Maries jusqu'à la mer.

La Provence industrielle

Fos-sur-Mer

Depuis 1960, on développe le grand centre industriel de Fos-sur-Mer, qui se trouve entre Marseille et la Camargue.
Il y a beaucoup d'usines, surtout des raffineries.
De Fos-sur-Mer part un pipe-line qui va jusqu'en Allemagne.

Compréhension orale – D'Avignon à St-Rémy

Ecoutez le texte.

a) *Répondez aux questions.*
   1. Alain et Gisela arrivent à la gare d'Avignon. Pourquoi est-ce qu'ils vont au guichet des renseignements?
   2. Avec qui est-ce qu'Alain et Gisela parlent dans la deuxième partie du texte?
   3. Qu'est-ce qu'ils vont faire à St-Rémy?

b) *Lisez ces questions, puis écoutez la première partie du texte une deuxième fois. Ensuite, répondez aux questions.*
   1. Quel est le numéro du bus qui va à St-Rémy?
   2. D'où est-ce que le bus part?
   3. Regardez le plan. A quel numéro se trouve l'arrêt de bus?

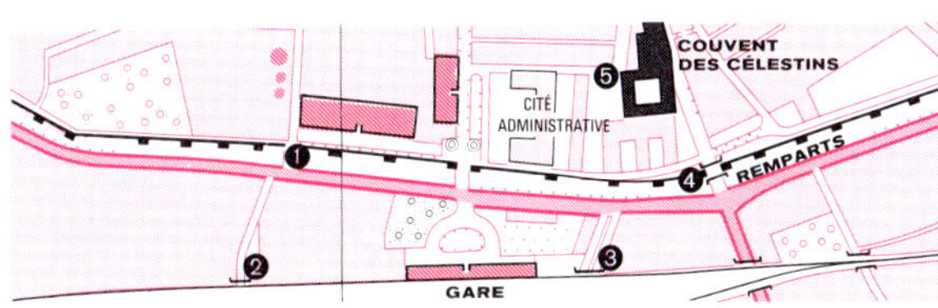

© D'après guide vert «Provence», 2ème édition du Pneu Michelin

c) *Lisez ces questions, puis écoutez la deuxième partie du texte une deuxième fois: prenez des notes pour pouvoir ensuite répondre aux questions.*
   1. A quelle heure est-ce que le bus part?
   2. Combien de temps est-ce que Gisela et Alain doivent attendre?
   3. Combien coûte un ticket de bus Avignon-St-Rémy?
   4. Combien est-ce qu'Alain donne au monsieur?
   5. Composter, qu'est-ce que c'est en allemand?
      a) wegwerfen
      b) entwerten
      c) vorzeigen
      d) aufbewahren
   6. De quel pays vient Gisela?
   7. Combien de fois est-ce qu'elle est déjà allée en Provence?

Qui est-ce qui a fait le coup?

L'histoire que vous allez lire se passe ici:

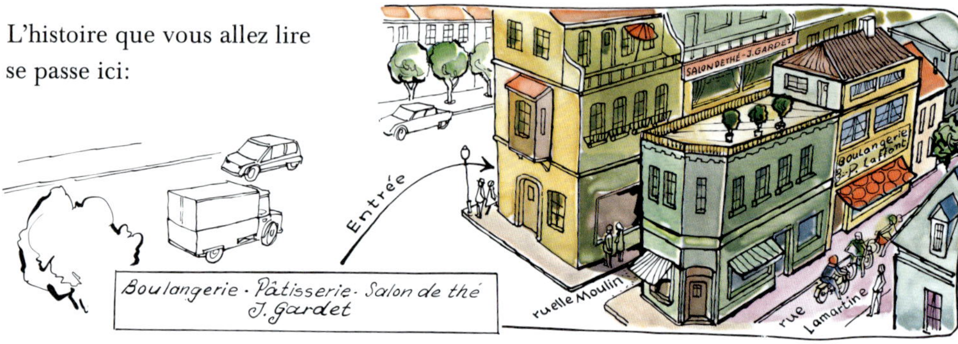

Villeneuve; samedi 9 mai, rue Lamartine …

1. Villeneuve; samedi 9 mai, rue Lamartine. Il est 3 heures de l'après-midi. M. Laffont vient d'ouvrir sa boulangerie. Une cliente entre.

La cliente: Quel bruit! On ne s'entend plus!

M. Laffont: Je vais vous dire une chose, Mme Jacquin: j'en ai marre de ces jeunes avec leurs mobylettes, mais alors, vraiment marre! Vous avez vu: ils se mettent sur le trottoir, devant ma porte, sans arrêter leurs moteurs. Non seulement ils font un bruit énorme, mais en plus, il y a plein de fumée dans le magasin.

La cliente: Oui. Ça sent mauvais ici.

M. Laffont: Et ce n'est pas tout. Vous savez ce qu'ils font quelquefois? Ils empêchent les clients d'entrer, ou bien ils se moquent d'eux.

La cliente: C'est vrai?

M. Laffont: Eh oui! … Pourquoi est-ce qu'ils ne vont pas faire ça devant chez Gardet? Ah, lui, il n'a pas de problèmes! Il a ouvert sa boulangerie-pâtisserie il y a deux ans. Et maintenant, il vient d'ouvrir un salon de thé au premier étage. En deux ans, il m'a pris beaucoup de mes clients.

La cliente: Dites, M. Laffont, pour reparler des jeunes: j'ai déjà discuté avec deux ou trois d'entre eux – Jacques Lacroix, le fils du dentiste, et Stéphane Duval, le fils du chauffeur de taxi, par exemple, – eh bien, ils ne sont pas si méchants que ça. Et puis, ils s'intéressent à beaucoup de choses: au cinéma, à la musique, aux animaux …

M. Laffont: Pensez-vous! Ce qui les intéresse, ce sont les mobylettes, et rien d'autre. Faire du bruit et embêter les gens, c'est tout ce qu'ils savent faire!

2. Dimanche 10 mai, 0 heure 30. M. Gardet se réveille. Il croit avoir entendu un bruit. Il se lève, descend dans son salon de thé et là, qu'est-ce qu'il voit? La grande vitre qui donne sur la ruelle est cassée! En mille morceaux! Il téléphone à la police: «... Et puis, dites, vous essayez de venir le plus vite possible. Je dois dire que j'ai un peu peur, moi.» Dix minutes plus tard, deux agents arrivent. Un des agents trouve une grosse pierre dans les morceaux de verre.

3. Lundi 11 mai, dans la matinée. L'inspecteur Janvier se rend chez Gardet, puis il interroge quelques voisins. Il va d'abord dans le magasin de M. Laffont.

L'inspecteur: M. Laffont, votre appartement est au premier étage, en face du salon de thé de M. Gardet, et votre chambre donne sur la ruelle Moulin, c'est bien ça? ... Est-ce que vous avez vu ou entendu quelque chose dans la nuit de samedi à dimanche?

M. Laffont: Ecoutez, je ne peux pas vous dire grand-chose. Bon, cette nuit-là, j'ai entendu un grand bruit. Je me suis levé, j'ai regardé par la fenêtre. J'ai bien vu passer deux jeunes en mobylette, dans la ruelle ...

L'inspecteur: Ah bon? Qui donc? Vous les connaissez?

M. Laffont: Ben ... oui: Jacques Lacroix, le fils du dentiste, et Stéphane Duval, le fils du chauffeur de taxi. Mais je ne crois pas que ... Dites, au fait, vous avez pensé au concert de rock de samedi soir? Ce sont peut-être des spectateurs qui ont cassé la vitre. Vous vous souvenez, après le concert de rock, il y a deux mois, ils ont cassé la vitrine d'un café.

4. 5 heures de l'après-midi, au commissariat. L'inspecteur interroge d'abord Stéphane Duval.

L'inspecteur: Bon. Alors, qui est-ce qui a cassé la vitre? C'est toi ou ton copain?

Stéphane: Quelle vitre? ... Qu'est-ce qui s'est passé?

L'inspecteur: Tu ne sais pas ce qui s'est passé? Tu te moques de moi, ou quoi? Dis-moi ce que tu as fait samedi soir.

Stéphane: Je suis allé au cinéma, au Vox, avec ma copine.

L'inspecteur: Qui est-ce que vous avez rencontré là-bas?

Stéphane: Ben ... personne. Non, on n'a pas rencontré de copains. Après le ciné, j'ai ramené ma copine chez elle et ...

L'inspecteur: Tu es rentré chez toi à quelle heure?

Stéphane: A 1 heure du matin.

5. Janvier interroge ensuite Jacques Lacroix.

L'inspecteur: Qu'est-ce que tu as fait samedi soir?

Jacques: Je suis allé au concert de rock.

L'inspecteur: Au concert de rock? Tiens, tiens! Et ça a fini à quelle heure?

Jacques: A 11 heures et demie, monsieur l'inspecteur.

L'inspecteur: Qu'est-ce que tu as fait ensuite?

Jacques: J'ai fait un peu de mobylette en ville, avec des copains.

L'inspecteur: A quelle heure est-ce que tu es rentré chez toi?

Jacques: Vers 1 heure du matin.

6. Dans la soirée, Janvier retourne chez Gardet avec un agent. Et là, l'inspecteur fait une découverte intéressante: dans le salon de thé, à huit mètres de la vitre cassée, il trouve, derrière un rideau, une deuxième pierre. Il descend dans la ruelle avec l'agent, réfléchit un moment, puis il dit:

– Ça y est, je sais qui a lancé les deux pierres.

L'agent: Ben, moi, je ne vois pas. Vous pensez plus vite que moi, monsieur l'inspecteur!

A vous.

1. Qui est-ce qui a fait le coup?
2. Comment avez-vous trouvé la solution?
3. Pouvez-vous dire pourquoi ils ont (ou il a) fait ça?

1. Reparlons du texte. (§ 42)

Posez des questions, puis répondez-y.
Employez Qui est-ce qui / Qui est-ce que / Qu'est-ce qui / Qu'est-ce que. *Exemple:*

- Mme Jacquin connaît **deux des jeunes** qui sont toujours devant la boulangerie Laffont.
- Ah bon? / Ah oui? / Tiens! / C'est vrai? **Qui est-ce qu**'elle connaît?
- Eh bien, Jacques Lacroix et Stéphane Duval.

1. M. Laffont lui a dit: «Ils font **ça** pour embêter les gens.»
2. Il lui a dit aussi: «Il y a seulement **une chose** qui les intéresse.»
3. Pendant la nuit, **quelque chose** a réveillé M. Gardet.
4. Un des agents a trouvé **quelque chose** dans les morceaux de verre.
5. Cette nuit-là, M. Laffont a vu **quelqu'un** dans la ruelle, derrière son magasin.
6. Au commissariat, l'inspecteur Janvier a interrogé d'abord **un des deux garçons.**
7. **Un des deux garçons** lui a dit: «Samedi soir, je suis allé au concert de rock.»
8. Lundi soir, l'inspecteur Janvier est retourné chez Gardet.
   Il a découvert **quelque chose** derrière un rideau.
9. Ensuite, il est descendu dans la ruelle et il a dit:
   «Je sais **qui** a lancé les deux pierres.»

2. Au commissariat (§ 43)

Dans la nuit de lundi à mardi, on a volé plusieurs voitures.
Mardi après-midi, l'inspecteur Janvier interroge un homme qu'on vient d'arrêter.

a) *Exemple:*

- **Qu'est-ce que** vous avez fait hier soir?
- Rien, monsieur l'inspecteur.
- Allez, dites-moi **ce que** vous avez fait. Et vite!
- Ecoutez, monsieur l'inspecteur, vous pouvez me croire, je n'ai rien fait.

1. – Qu'est-ce qui vous empêche de parler?
2. – Qu'est-ce que vous avez raconté au garçon du «Bar-Club»?
3. – Qu'est-ce qui s'est passé sur le parking du «Bar-Club»?
4. – Et votre copain Pierrot, qu'est-ce qu'il a fait hier soir?
5. – Qu'est-ce qui l'a amené à voir Max?

b) *Exemple:*

- Bon, reparlons de vous. **Qui est-ce que** vous avez rencontré hier soir?
- Personne, monsieur l'inspecteur.
- Allez, dites-moi **qui** vous avez rencontré hier soir. Et vite!
- Ecoutez, monsieur l'inspecteur, vous pouvez me croire. Je n'ai rencontré personne.

1. – Et qui est-ce qui vous a téléphoné?
2. – Alors, à qui est-ce que vous avez téléphoné?
3. – Avec qui est-ce que vous avez passé la soirée?
4. – Pour qui est-ce que vous travaillez en ce moment?
5. – A qui est-ce que vous avez acheté votre Renault?
   – Donc, vous l'avez volée. C'est bien ça? – Ben ...

3. Jacques Lacroix écrit une lettre. (§ 43)

Mercredi 13 mai. Jacques Lacroix écrit à son copain Michel Roux qui habite 12, avenue du Général-de-Gaulle, 55100 Verdun.

a) *Complétez.*

Dans sa lettre, il lui dit ...

1. ... il a fait samedi soir;
2. ... le concert de rock lui a beaucoup plu;
3. ... heure le concert a fini;
4. ... il a fait ensuite;
5. ... il s'est bien amusé;
6. ... heure il est rentré chez lui;
7. ... il est allé dimanche après-midi;
8. ... s'est passé lundi après-midi;
9. ... l'inspecteur lui a téléphoné lundi soir;
10. ... l'inspecteur lui a raconté.

Il lui demande ...

11. ... il pense de cette histoire;
12. ... il va;
13. ... ses parents vont bien;
14. ... il ne lui écrit pas plus souvent.

b) *Ecrivez la lettre de Jacques.*

4. Familles de mots *Trouvez le nom, le verbe ou l'adjectif.*

Vacances de neige à Merlette

1. Quand les jeunes *partent* à Merlette, beaucoup de parents sont à la gare, sur le quai de ....
2. A Merlette, deux moniteurs attendent *l'arrivée* du train de Paris; le train ... à 18 heures 31.
3. Les deux moniteurs attendent à la *sortie* du quai; de là, ils peuvent voir tous les voyageurs qui ... des wagons.
4. A la ferme, on *dîne* à 19 heures 30. Le ... est toujours meilleur que le déjeuner.
5. Après le repas, tout le monde reste dans la salle à manger pour *chanter* des ....
6. Claire aime bien faire des *dessins.* Hier soir, elle s'est amusée à ... les moniteurs.
7. Mais il y a une chose qu'elle n'aime pas du tout: presque tous les moniteurs *fument.* Souvent, la salle à manger est pleine de ....
8. En février, à Merlette, il y a beaucoup de *neige;* il ... assez souvent.
9. Gérard aime bien le ski. Il aime tous les *sports.* C'est un garçon très ....

5. Michel, Annie et Alain (§ 44)

	Michel	Annie	Alain
– jouer au foot *(souvent)*	2 fois par semaine	1 fois par semaine	3 fois par semaine
– courir *(vite)*	100 m: 12.5	13.2	12.3
– jouer au tennis *(souvent)*	2 fois par semaine	3 fois par semaine	2 fois par semaine
– parler *(bien)* l'anglais	très bien	très bien	bien
– se coucher *(tôt/tard)*	22 heures 30	22 heures	23 heures
– se lever *(tôt/tard)*	6 heures 30	7 heures	6 heures 30
– dormir *(longtemps)*	8 h	9 h	7 h 30
– travailler *(bien)*	bien	très bien	assez bien

Comparez. Michel joue **plus souvent** au foot **qu'**Annie; il joue **moins souvent qu'**Alain.
C'est Alain qui joue **le plus souvent.** C'est Annie qui joue **le moins souvent.** *Continuez.*

6. Reparlons du collège Jeanne-d'Arc. (§ 44)

Complétez.

a) *bon – bien:*
1. Noëlle est une … camarade. 2. Tout le monde l'aime …. 3. Elle connaît … la cuisine de Provence. 4. Les plats qu'elle prépare quelquefois pour ses amis sont très ….

b) *mauvais – mal:*
1. Janine n'est pas une … fille. 2. Bien sûr, elle a été méchante avec Bernard, mais c'est peut-être parce qu'elle le connaît …. 3. Les autres aussi comprennent … pourquoi elle s'est moquée de lui. 4. Pour Janine, le dimanche dans le Lubéron a été une … journée. 5. Et pendant la nuit, après l'excursion, elle a … dormi.

c) *(le) meilleur – (le) mieux:*
1. Beaucoup d'élèves disent que M. Rioux est un des … professeurs du collège, … peut-être. 2. C'est lui qui comprend … les élèves. 3. Il les comprend … que les autres professeurs. 4. M. Rioux est … ami de François. 5. En géographie, c'est François qui travaille … de tous les élèves de la classe. 6. … copine de François, c'est Violaine.

d) *très – beaucoup:*
1. Bernard est un garçon … gentil, mais il ne parle pas …. 2. Il s'intéresse … à Janine. 3. Il est … amoureux d'elle. 4. Elle lui plaît ….

7. A vous. Faites l'interprète.

Tu es à Verdun avec tes parents. Vous voulez visiter la ville. Vous laissez votre voiture sur une petite place, dans le centre. Tu mets 4 F dans le parcmètre: c'est pour deux heures. Quand vous revenez, un agent de police est en train de regarder votre voiture.

L'agent: Dites, vous savez que vous avez une heure de retard? Vous êtes en contravention.
Toi: Er sagt, wir … und das andere habe ich nicht verstanden. Pardon, monsieur l'agent, une contravention, qu'est-ce que c'est?
L'agent: Eh bien, ça veut dire que vous devez payer 50 F.
Toi: …
Ton père: Wissen Sie, wir haben Ihre Stadt besichtigt und wir haben die Schaufenster angeschaut.
Toi: …
Ta mère: Ja, und plötzlich hat mein Mann vorgeschlagen, die Zitadelle zu besichtigen. Wir haben überhaupt nicht mehr an die Parkuhr gedacht.
Toi: …
L'agent: Oui, et c'est pourquoi vous allez me donner 50 F.
Toi: …
Ton père: Sag ihm, wir waren anschließend in einem Lokal, um einen zu trinken. Der Ober hat uns nicht sofort bedient.
Toi: …
L'agent: Regardez: non seulement vous avez une heure de retard, mais en plus, il n'y a pas de «D» sur votre voiture.
Toi: …
Ton père: Ach ja! Verflixt nochmal! Entschuldigen Sie bitte. Wieviel soll ich bezahlen?
Toi: …
L'agent (il sourit): Bon, ça va pour cette fois. Vous pouvez partir. Dites, votre fils / fille parle vraiment bien le français. Au revoir, messieurs dames.
Toi: …
Ta mère: Au revoir.
Ton père: Merci beaucoup.

8. A vous

Toi et tes camarades de classe, vous êtes à Paris avec votre professeur de français.
Tu es dans une famille qui habite près de la porte d'Italie.
Un jour, toi et tes camarades, vous allez en car au marché aux puces qui se trouve près de la porte de Clignancourt. Vous visitez le marché aux puces. A un moment, tu perds tes camarades. Tu cherches le car, mais tu ne le retrouves pas. Alors, tu veux prendre le métro pour retourner à la porte d'Italie.
Formez des groupes, préparez les dialogues, puis jouez les scènes.

a) Au marché aux puces, tu demandes à un agent de police où il y a une station de métro. L'agent te dit comment tu peux y aller.

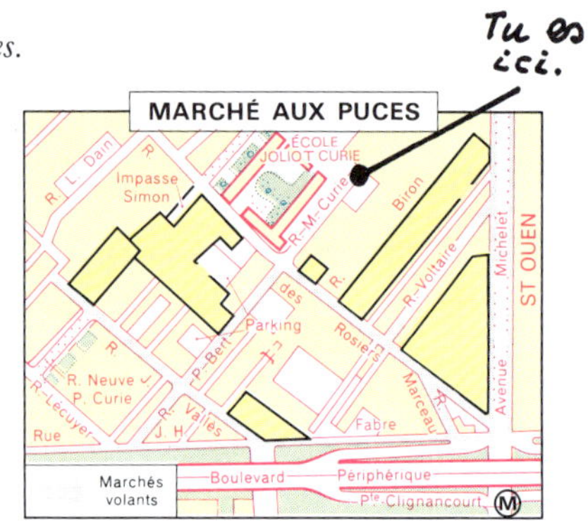

© D'après guide vert «Paris», 4ème édition du Pneu Michelin

b) A la station, tu téléphones aux gens chez qui tu habites.

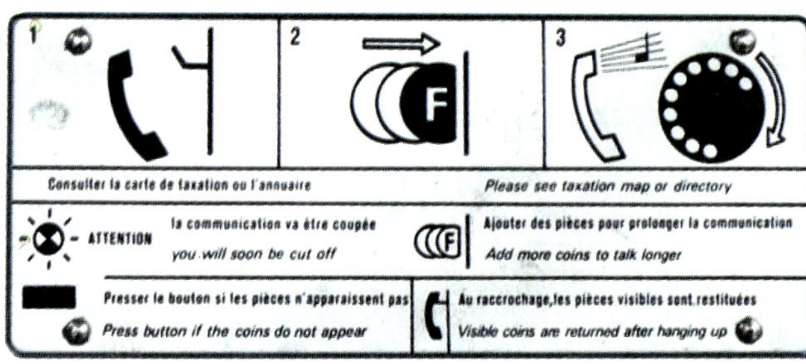

c) Au guichet, tu prends un ticket de métro. Tu demandes à l'employée comment tu peux aller à la porte d'Italie.
(Regarde le plan du métro, page 170)
L'employée te dit ce qu'il faut faire:
- prendre la ligne n° …, direction …;
- changer à …;
- prendre la ligne n° …, direction …;
- descendre à ….

Compréhension orale – Situations

a) *Ecoutez les textes. Après chaque texte, dites où se trouvent les personnes qui parlent.*

b) *Lisez ces phrases, puis écoutez chaque texte une deuxième fois: prenez des notes pour pouvoir ensuite faire les exercices.*

Situation 1 – Répondez aux questions.

1. Qu'est-ce que le monsieur achète?
2. Combien est-ce qu'il doit payer?
3. Combien est-ce qu'il donne à la dame?
4. Combien est-ce que la dame lui rend?

Situation 2 – Corrigez les phrases.

1. Le menu propose «Fromages et desserts».
2. La dame prend une glace.
3. Son mari prend du fromage.
4. Jean-Luc prend une glace au citron.
5. Le garçon apporte un fromage, un fruit et une glace.

Situation 3 – Complétez les phrases.

1. La dame achète ... et ....
2. La dame demande au monsieur de mettre ....
3. Elle n'est pas Française, elle est ....
4. Le monsieur le sait parce que ....

Révision 3 — Leçons 7–9

1. Le passé composé

a) *Mettez au passé composé les verbes entre parenthèses.*

1. Nicole et sa sœur Martine *(s'inscrire)* à un séjour à la neige dans les Pyrénées. 2. Elles *(arriver)* très tard à l'hôtel et *(se coucher)* tout de suite. 3. Le lendemain matin, les deux sœurs *(prendre)* leurs skis et *(partir)* pour faire leur première descente. 4. La piste qu'elles *(prendre)* est peu dangereuse: elles *(descendre)* plusieurs fois sans problèmes.
5. L'après-midi, Nicole *(vouloir)* prendre une piste plus dangereuse. 6. Elle *(descendre)* la première et Martine *(partir)* peu après elle. 7. Mais Martine *(ne pas aller)* très vite. 8. Tout à coup, deux garçons *(la doubler)* et *(s'amuser)* à lui faire peur. 9. Martine *(vouloir)* s'arrêter et ... paf! elle *(se retrouver)* dans la neige. 10. Un des garçons *(s'arrêter)* et *(se moquer)* d'elle. 11. Très en colère, Martine *(lui lancer)* une boule de neige. 12. Le garçon *(enlever)* la neige de son anorak et il *(sourire)* à la jeune fille. 13. Martine *(répondre)* à son sourire et, le soir, ils *(sortir)* ensemble.

b) *Ecrivez le texte au passé composé dans votre cahier.*

2. Impératif et pronoms

Dans le Lubéron. *Donnez les réponses. Employez l'impératif et des pronoms.*

Exemple: – Je **dis à Janine** de venir avec nous? (– Bien sûr, ... de venir.)
– Bien sûr, **dis-lui** de venir.

1. Je propose à Luc et à Jacqueline de nous accompagner?
(– D'accord, ... de nous accompagner.)
2. Je demande d'abord à M. Rioux s'il est d'accord?
(– Non, non, ... Il n'y a pas de problème, il est d'accord.)
3. Je vais à la cave? (– Oui, ..., s'il te plaît.)
4. J'apporte la peinture jaune? (– Oui, ...)
5. Je prends aussi les machettes? (– Non, ... Elles sont déjà là.)
6. Je prends le pot de peinture blanche? (– Non, non, ...)
7. Je vais à la boulangerie, pour le pain?
(– Non, ... Christine l'a déjà acheté.)
8. Où est-ce que je mets les points jaunes: sur cet arbre? (– Oui, ... sur cet arbre.)

9. Je mets combien de points jaunes quand le chemin tourne: trois?
   (– Non, … trois, … deux.)
10. On enlève ces broussailles?
   (– Non, … enlevons …. On a assez travaillé.)
11. On s'assoit là, sous l'arbre? (– D'accord, … là.)
12. Je peux m'asseoir à côté de toi? (– Oui, je veux bien. ….)
13. On mange les œufs? (– Non, … maintenant. Buvons d'abord quelque chose.)
14. On aide M. Rioux à faire les balises du retour? (– D'accord, ….)

3. La comparaison

a) *Faites des dialogues. Exemple:*
Voici trois pays:
l'Allemagne fédérale (248000 km^2) – la France (551000 km^2) – la Suisse (41000 km^2)
1er élève: L'Allemagne fédérale est **moins grande que** la France.
2e élève: Mais elle est **plus grande que** la Suisse.
3e élève: **Le plus grand pays** des trois, c'est la France.

1. *(vieux)* Voici trois châteaux: le château de Versailles (1668) – le château de Fontainebleau (1526) – le château de Sans-Souci (1745)
2. Voici trois églises: l'église Notre-Dame-de-Paris (700 ans) – la Sainte-Chapelle (700 ans) – l'église Saint-Germain-des-Prés (1400 ans)
3. Voici trois hôtels: l'Hôtel du Nord (1951) – l'Hôtel du Théâtre (1932) – l'Hôtel de la Terrasse (1963)
4. Voici trois fleuves: le Rhône (812 km) – la Loire (1012 km) – la Seine (776 km)

b) *A vous. Donnez votre avis. Eléments à employer:*
A mon avis, … / Pour moi, … / Moi, je trouve que … / Moi, je pense que … / Moi, je crois que …

1. la cuisine allemande / française / anglaise *(bon)*
2. un repas à la maison / au restaurant / au supermarché *(bon)*
3. un séjour à la ferme / dans un camping / à l'hôtel *(intéressant)*
4. le métier de routier / de douanier / d'agent de police *(dangereux)*

4. Verbes avec «à», «de» ou sans préposition

Traduisez en français. In der Bäckerei von M. Laffont:

M. Laffont: Ich habe von diesen Jugendlichen wirklich die Nase voll. Sie machen sich einen Spaß daraus, meine Kunden zu belästigen.

Mme Bonneau: Ja, das stimmt. Sie haben versucht, mich am Eintreten zu hindern. Und sie machen einen enormen Lärm mit ihren Mofas. Wissen Sie, ich habe Angst vor ihnen. Ich wage nicht, mit ihnen zu sprechen.

Mme Jacquin: So böse sind sie auch wieder nicht. Gestern hat mir einer von ihnen geholfen, meinen Kinderwagen *(voiture d'enfant)* hinaufzutragen *(monter)*. Übrigens, wie geht es Ihrem Sohn?

Mme Bonneau: Es geht ihm gut. Er fängt an zu laufen *(marcher)*. Jetzt müssen wir immer aufpassen *(faire attention)*. Gestern hat er gelernt, das Radio einzuschalten.

M. Laffont: Sagen Sie, Mme Jacquin, hat Ihr Cousin aus Paris Sie angerufen *(téléphoner)?*

Mme Jacquin: Ja, er hat mich gerade angerufen. Er will eine Woche bei uns verbringen. Aber ich habe ihn gebeten *(demander)*, länger zu bleiben.

M. Laffont: Auch ich freue mich *(être content)*, ihn wiederzusehen. Ich möchte mit ihm sprechen. Er hat (ja) eine kleine Bäckerei wie ich, und ich möchte wissen, ob auch er Probleme mit den Jugendlichen hat. Schlagen Sie ihm doch vor, am Sonntag bei mir vorbeizukommen. – Hören Sie diesen Lärm. Jetzt sind sie dabei, mit Colabüchsen Fußball zu spielen. Ich kann nicht mehr!

Leçon 10

A Le château de Beynac

1. Au bord de la Dordogne, à 150 km de Bordeaux, il y a un petit village: Beynac. Son château – un des plus beaux de France – date du 13ᵉ siècle. Personne n'y habite: on est en train de le restaurer. Mais il est possible de le visiter. A la sortie du village, on trouve un petit restaurant: «Aux bonnes choses». Les touristes qui visitent la région aiment s'y arrêter pour boire un verre ou prendre un bon repas. Il n'y a pas de garçon: c'est le patron qui sert. Quand il a un peu de temps, il raconte:
2. «Vous savez, les gens du village, ils ne sont pas malheureux. Ici, à Beynac, nous cultivons des légumes et du tabac. D'ailleurs, notre région est au premier rang en France pour le tabac. Ce n'est pas un travail facile, mais nos paysans ne vivent pas si mal que ça.

3. Autrefois, le paysan avait une vie beaucoup plus dure. Au Moyen Age, par exemple, il cultivait juste un petit morceau de terre. Pour avoir le droit de travailler cette terre, il devait chaque année donner de l'argent à son seigneur. Il lui fallait, en plus, apporter au seigneur des fruits, des légumes, des œufs, du lait et du vin. Quelquefois, les gens du village devaient travailler au château: ils réparaient des murs, bâtissaient des tours. Il faut dire qu'il y avait souvent des guerres entre les seigneurs.

4. Les paysans, donc, vivaient mal. Le seigneur, lui, avait une vie assez agréable. Bien sûr, son château n'était pas très confortable: il était sombre et il y faisait froid. Mais le seigneur y donnait souvent des grands repas. Des troubadours venaient alors au château pour chanter. Quand il ne faisait pas la guerre à un de ses voisins, il se rendait à des tournois ou partait à la chasse. Chasser, c'était son activité préférée, en temps de paix. Lui et ses amis partaient alors pour plusieurs jours. Le soir, ils préparaient un bon repas en plein air, et ils buvaient et chantaient. Les paysans, eux, n'avaient pas le droit d'aller à la chasse. Ce droit, ils l'ont seulement depuis la révolution de 1789.

5. Tenez, à propos de chasse, moi, j'y allais souvent avec mon père. Il y a 30 ans, il y avait beaucoup de gibier. Je me souviens, nous chassions le lièvre. Eh bien, quelquefois, nous en ramenions cinq ou six! Maintenant, je n'y vais plus. Qu'est-ce que vous voulez, dans la région, il n'y a presque plus de gibier!»

A 1. Reparlons du texte. *Répondez aux questions.*

a) Beynac, aujourd'hui
1. Où se trouve Beynac?
2. Qu'est-ce que vous savez de son château?
3. Qu'est-ce que les paysans cultivent à Beynac?
4. Comment vivent les gens du village?

b) La vie au Moyen Age
1. Pourquoi est-ce que le paysan devait chaque année donner de l'argent à son seigneur?
2. Qu'est-ce qu'il apportait, en plus, au seigneur?
3. Qu'est-ce que les gens du village devaient faire quelquefois?
4. Comment étaient les châteaux, au Moyen Age?
5. Qu'est-ce que les seigneurs faisaient, au château, pour s'amuser?
6. Quelles étaient les trois activités du seigneur?
7. Quelle était son activité préférée, en temps de paix?
8. Parlez de cette activité.

2. Un paysan de Beynac nous parle: (§§ 47, 48)

a) **Aujourd'hui, ...**
1. **nous cultiv**ons des légumes et du tabac.
2. nous **travaill**ons pour nous.
3. nous **vend**ons nos produits.
4. nous **finiss**ons assez tard, le soir.
5. nous **part**ons quelquefois en vacances.
6. nous **av**ons le droit d'aller à la chasse.
7. nous ne **viv**ons pas trop mal.
8. nous **sav**ons ce qu'est un dimanche.
9. il nous faut beaucoup travailler, mais nous ne sommes pas malheureux.

Autrefois, au Moyen Age, par exemple, ...
les paysans **cultivaient** seulement des légumes.
ils ... pour leur seigneur.
ils ne ... rien. Ils donnaient beaucoup de leurs produits au seigneur.
ils ... encore plus tard.
ils ne ... presque jamais de leur village.
ils n' ... pas le droit d'y aller.
ils ... beaucoup plus mal.
ils ne ... pas ce qu'était un jour sans travail.
il leur ... aussi beaucoup travailler
et, en plus, ils ... très malheureux.

b) Aujourd'hui, ...
1. nous **cultiv**ons des légumes et du tabac.

Au Moyen Age, nous, les paysans, ...
nous cultivions seulement des légumes.

2. *Continuez.*

3. La vie au château, au Moyen Age (§§ 47, 48)

Mettez à l'imparfait les verbes entre parenthèses.
1. Au Moyen Age, le seigneur *(vivre)* dans un château. 2. Quand *(il y a)* un danger – une guerre, par exemple –, les paysans *(quitter)* leur village et *(venir)* y habiter. 3. Le plus souvent, le château *(être)* sombre et il y *(faire)* froid. 4. Au milieu de la cour, *(se trouver)* une grande tour. 5. C' *(être)* là que le seigneur et sa famille *(habiter)*. 6. Dans cette tour, *(il y a)* une grande salle où ils *(prendre)* leurs repas et *(passer)* leurs soirées. 7. Pour manger, on *(s'asseoir)* à une longue table. 8. Après le dîner, les enfants *(aller)* se coucher. 9. Les autres *(rester)* dans la grande salle. 10. De temps en temps, des troubadours *(passer)*. 11. C' *(être)* des gens qui *(aller)* de château en château pour chanter leurs chansons. 12. Ils *(savoir)* chanter de belles histoires de seigneurs. 13. Ils *(donner)* aussi au seigneur des nouvelles des régions d'où ils *(venir)*. 14. Tout le monde les *(écouter)* avec beaucoup d'attention. 15. Le seigneur leur *(donner)* de l'argent et leur *(offrir)* des cadeaux.

B Robert de Beynac: première partie

Christophe Philippeau, un jeune journaliste, passe ses vacances à Beynac. Un soir, au restaurant du village, il rencontre Gaspard, un vieux paysan. Gaspard lui dit: «Ah bon? Vous êtes journaliste? Alors, on va boire un petit blanc, et je vais vous raconter une histoire très curieuse.

Il y a un mois, je suis allé chercher du bois dans la forêt, derrière le château, avec mon chien. Je suis resté là-bas tout l'après-midi. Quand j'ai pris le chemin du retour, *il était assez tard. Comme je voulais rentrer le plus vite possible,* j'ai pris le sentier qui passe près du château. *Il faisait nuit, mais c'était la pleine lune et je voyais assez bien. Pendant que je marchais, Jupiter, mon chien, aboyait sans arrêt. Il paraissait avoir peur.* Au bout d'un quart d'heure, je suis arrivé au château. Et là, j'ai été très surpris: *la grande salle était éclairée.* Je suis allé près d'une fenêtre: j'ai vu des hommes et des femmes; *ils portaient des vêtements du Moyen Age; ils étaient à table, ils mangeaient, buvaient et riaient.* Tout à coup, un des hommes a dit à son voisin de table: «Robert de Beynac, je bois à votre santé.» Puis, il a regardé vers la fenêtre *où je me trouvais. Et vous savez qui c'était? ... C'était le diable, jeune homme, le diable!* Alors, moi et mon chien, on a eu peur: on s'est mis à courir. On a filé au village le plus vite possible.

Il faut vous dire que Robert de Beynac, *c'était un seigneur qui habitait au château au 13ᵉ siècle. Il aimait beaucoup s'amuser. Chaque mois, il donnait une grande fête.* Puis, un jour, *comme il n'avait plus d'argent,* il a vendu son âme au diable. Quelque temps après, il a disparu.»

Gaspard boit un peu de vin, puis il continue:

«On raconte que c'est le diable qui est venu le chercher. On dit aussi que, de temps en temps, pendant les nuits de pleine lune, Robert de Beynac revient au château avec le diable et ses amis d'autrefois. Pour entrer dans la grande salle, ils passent par une lézarde que personne n'a jamais pu réparer.»

Christophe Philippeau sourit:

- Voyons, monsieur Gaspard, le diable, il n'existe pas. Vous avez rêvé!
- Si, si, il existe! Tenez, cette nuit, c'est la pleine lune. Allez donc au château. Vous allez voir. *A suivre.*

B 1. Une histoire très curieuse ... *Répondez aux questions.*

1. Où est-ce que Gaspard est allé chercher du bois, ce jour-là?
2. A quel moment de la journée est-ce qu'il a pris le chemin du retour?
3. Il voulait rentrer le plus vite possible. Qu'est-ce qu'il a fait?
4. Pourquoi est-ce que son chien aboyait sans arrêt?
5. Quand Gaspard est arrivé au château, il a été très surpris: pourquoi?
6. Il a regardé par une fenêtre: qu'est-ce qu'il a vu?
7. Qu'est-ce qu'ils faisaient?
8. Qui a bu à la santé de Robert de Beynac?
9. Qu'est-ce que vous savez sur Robert de Beynac?
10. Qu'est-ce que les gens du village racontent?

2. Quand on visite une ville ... (§ 46)

Faites des dialogues. Exemple:
– Ce pont date du 15ᵉ siècle. – De quelle année? – De 1452.

1. maison (16ᵉ siècle/1521)
2. hôtel (20ᵉ siècle/1919)
3. boulevard (19ᵉ siècle/1859)
4. château (14ᵉ siècle/1395)
5. route (3ᵉ siècle/277)
6. avenue (18ᵉ siècle/1709)

3. Après l'accident (§§ 49, 50)

Mettez les verbes entre parenthèses au passé composé ou à l'imparfait.

Demandez-vous:
quelle était la **situation?** → **imparfait**
qu'est-ce qui **s'est passé alors?** → **passé composé**

1. Une jeune fille:
   – Je ... de la mobylette dans la rue St-Jacques, *(faire)*
   quand, tout à coup, l'accident .... Je n'ai pas vu grand-chose. *(se passer)*
2. Un monsieur:
   – Quand la voiture blanche ..., *(arriver)*
   je ... sur la place de la République. *(se trouver)*
3. Une vieille dame:
   – Mon mari et moi, nous ... le thé à la terrasse du café de la Paix, *(prendre)*
   quand, tout à coup, quelqu'un ... : «Attention!» *(crier)*
4. Un petit garçon:
   – Quand ... l'accident, *(il y a)*
   on ... au foot, mes copains et moi. *(jouer)*
5. Le chauffeur du camion:
   – J'... au feu rouge, *(attendre)*
   quand la voiture blanche me .... *(doubler)*
6. Le boulanger:
   – Je ... une cliente, *(servir)*
   quand, tout à coup, j' ... un grand bruit. *(entendre)*

4. Dans le Lubéron (§ 50)

a) *Dites pourquoi ils ont fait cela. Employez* comme. *Exemple:*

M. Rioux et les garçons veulent ouvrir un chemin. Alors, ils prennent des machettes.
Comme M. Rioux et les garçons **voulaient** ouvrir un chemin, ils **ont pris** des machettes.

1. Ils veulent manger et boire. Alors, ils s'assoient sous un arbre.
2. Janine veut parler à François. Alors, elle s'assoit à côté de lui.
3. Janine a envie de sortir avec François. Alors, elle lui dit: «Tu es formidable!»
4. M. Rioux veut faire les balises du retour. Alors, il redescend sur Castellet.
5. Janine ne peut pas marcher. Alors, Bernard la charge sur son dos.
6. Janine pleure. Alors, Violaine essaie de la calmer.
7. Il faut amener Janine le plus vite possible chez le médecin. Alors, M. Rioux dit à ses élèves de se dépêcher.
8. Il n'y a plus de danger. Alors, Janine peut tout de suite rentrer à l'internat.

b) *Employez maintenant* parce que. *Exemple:*

M. Rioux et les garçons veulent ouvrir un chemin. Alors, ils prennent des machettes.
M. Rioux et les garçons **ont pris** des machettes **parce qu'ils voulaient** ouvrir un chemin.

5. Bonne route, M. Cathala! (§ § 49, 50)

Mettez le texte au passé. Imparfait ou passé composé? Réfléchissez bien.

1. Il fait presque nuit quand M. Cathala prend la Nationale 20. 2. Pendant qu'il descend vers Ax-les-Thermes, il met la radio. 3. Au bout d'un quart d'heure, il se met à neiger. 4. Alors, M. Cathala doit ralentir. 5. Tout à coup, il voit quelqu'un au bord de la route: c'est un homme qui fait de l'auto-stop. 6. M. Cathala s'arrête. Il dit à l'homme de monter. 7. Il neige toujours et les deux hommes ne parlent pas beaucoup. 8. A Ax-les-Thermes, M. Cathala s'arrête à une station-service. 9. Pendant qu'il fait le plein, l'homme passe un coup de téléphone. 10. Peu après, il demande 200 F à M. Cathala. 11. Alors, M. Cathala a peur et il lui donne l'argent. 12. A la gare de Foix, l'homme descend et il disparaît dans la nuit.

6. Bruno et Caroline dans un centre de vacances (§ § 49, 50)

Caroline raconte. *Mettez au passé les verbes entre parenthèses.*

«Nous *(être)* dans une vieille ferme où *(il y a)* des chambres à quatre ou à six lits. C'*(être)* nous qui *(faire)* nos lits et nos chambres. Nous *(devoir)* aussi aider à préparer les repas. Quand il *(faire)* beau, nous *(s'amuser)* dans la cour ou nous *(partir)* en promenade. Quand il *(pleuvoir)*, nous *(rester)* à la ferme: nous *(regarder)* la télé, nous *(écouter)* la radio ou nous *(jouer)* aux cartes.

Un jour, notre moniteur *(proposer)* de faire une longue excursion. Nous *(partir)* tout de suite après le petit déjeuner et nous *(prendre)* le sentier qui passe derrière la ferme. Il *(faire)* très chaud et le sentier *(monter)* beaucoup.

Vers midi, nous *(s'arrêter)* et nous *(s'asseoir)* sous des arbres parce que tout le monde *(avoir)* faim et soif. Bruno *(regarder)* alors dans son sac et il *(dire)*: «Zut alors! je n'ai pas pris ma bouteille de limonade!» Il me *(demander)* de lui donner à boire. Mais moi aussi, j'*(avoir)* très soif. Alors, je lui *(donner)* juste un peu de limonade. Tout à coup, il *(avoir)* une idée: il *(proposer)* au moniteur de lui porter son sac. Comme le moniteur *(être)* d'accord, il *(donner)* son sac à Bruno. Et alors, Bruno *(se mettre)* derrière un arbre et il *(boire)* la limonade du moniteur.»

C Robert de Beynac: deuxième partie

Racontez l'histoire au passé. Employez le passé composé ou l'imparfait.
Commencez par: «Cette nuit-là, Philippeau est allé au château ... »

Le 14-Juillet

En 1789

En 1789, Louis XVI était roi de France. Il vivait au château de Versailles avec sa famille et la cour. La politique ne l'intéressait pas beaucoup; il préférait aller à la chasse ou travailler dans son atelier de serrurerie.
Entre 1785 et 1789, les prix avaient beaucoup monté en France, surtout le prix du pain.
En cet été de 1789, le peuple français avait faim. Les gens étaient en colère contre le roi: ils trouvaient qu'il dépensait trop d'argent pour la cour et pour l'armée.

Le 14 juillet 1789, à Paris, la colère du peuple a éclaté. Dans tous les quartiers, on entendait: «A la Bastille!». Une grande foule s'est rendue à cette prison qui était en ce temps-là, pour les Français, le symbole de la monarchie absolue.
Le peuple s'est installé devant la Bastille avec quatre canons. Le commandant de la prison, M. de Launay, a fait tirer sur la foule; mais les gens ne sont pas partis.
Comme de Launay avait quelques soldats seulement, il n'a pas pu résister longtemps.
Au bout de quatre heures, la foule est entrée dans la prison.
Le soir, le peuple de Paris a fêté la prise de la Bastille:
les gens chantaient et dansaient dans les rues et sur les places de la ville.

Le 14 juillet 1789 est une date importante dans l'histoire de la Révolution française.

Aujourd'hui

Le 14-Juillet est la Fête Nationale des Français. Personne ne travaille ce jour-là. Le matin, il y a un grand défilé militaire à Paris, sur les Champs-Elysées. L'après-midi, dans toutes les villes et dans tous les villages de France, il y a des jeux en plein air, des courses à pied, des courses cyclistes, des concerts, etc. Les gens qui n'ont pas envie d'aller à la fête font, ce jour-là, une promenade en voiture, par exemple: ils mangent alors au restaurant ou pique-niquent dans la forêt. Le soir, enfin, il y a un grand feu d'artifice, le plus beau de toute l'année. Après le feu d'artifice, beaucoup de gens vont au bal ou dansent dans les rues et dans les cafés.

Compréhension orale
Pièce radiophonique – Une histoire mystérieuse

Ecoutez la pièce radiophonique.

a) *Répondez aux questions.*
1. Le docteur raconte une histoire à des amis: dans quelle région se passe cette histoire?
2. Où est-ce que le docteur a passé la nuit?
3. Pourquoi est-ce qu'il a couché là-bas?
4. Pourquoi est-ce qu'il a eu des problèmes pour s'endormir?
5. Qu'est-ce que le docteur a fait le lendemain?
6. Qui est-ce qu'on a retrouvé dans la cave de la maison?
7. Pourquoi est-ce que la police de Barcelone a téléphoné à la gendarmerie de Mazamet?

b) *Ecoutez la pièce radiophonique encore une fois.*
1. Au milieu de la nuit, le docteur s'est réveillé: pourquoi? Racontez ce qui s'est passé ensuite.
2. Pourquoi est-ce que cette histoire est mystérieuse?

Carcassonne

Charlemagne

Charlemagne, avec Roland (statue qui se trouve devant Notre-Dame)

1. L'empereur

Rome, le jour de Noël de l'an 800. Charles, roi des Francs, est en train de prier dans la basilique St-Pierre. Une grande foule est avec lui. Alors, le pape Léon arrive. Dans ses mains, il porte une couronne. Il s'arrête devant Charles et lui pose la couronne sur la tête. A ce moment, la foule crie: «A Charles, empereur des Romains, vie et victoire!» Après 32 ans de règne, le roi des Francs devient donc empereur. Il est maintenant le souverain le plus puissant d'Europe. Bientôt, on lui donne le nom de «Carolus Magnus», ce qui veut dire «Charles le Grand». Ensuite «Carolus Magnus» devient «Charlemagne».

2. Les origines de Charlemagne

En 732, Charles Martel bat les Arabes près de Poitiers. Charles est maire du palais du roi mérovingien, et sous les derniers Mérovingiens, ce sont les maires du palais qui ont le pouvoir. C'est pourquoi Pépin le Bref, fils de Charles Martel, peut prendre le titre de roi des Francs, en 751. Avec lui commence le règne des Carolingiens. En 768, le fils de Pépin devient roi. C'est un jeune homme de 26 ans. Il est grand et sportif, énergique et intelligent. Son nom: Charles, comme son grand-père.

3. Les guerres de Charlemagne

Pendant toute sa vie, Charles fait des guerres. En 45 ans de règne, il part pour 55 campagnes.
En 773, le pape lui demande de lutter contre les Lombards. Charles va en Italie avec son armée, bat leur roi et prend le titre de roi des Lombards.
Cinq ans plus tard, il se rend en Espagne pour faire la guerre aux Arabes. Mais il ne peut pas les battre. Quand Charles quitte l'Espagne et passe par les Pyrénées, les Basques attaquent l'arrière-garde de son armée et tuent tous les hommes. Cette histoire va devenir, trois siècles plus tard, la «Chanson de Roland» d'après le nom du commandant de l'arrière-garde.
Vers 790, Charles bat le duc de Bavière et les Avars, un peuple d'Asie qui a attaqué la frontière est du royaume franc.
De 772 à 803, il fait la guerre aux Saxons, qui habitent dans le nord de l'Allemagne. C'est la guerre la plus longue et la plus dure de Charlemagne. Les Saxons tuent les missionnaires chrétiens. Alors, un jour, Charles est tellement en colère qu'il dit à ses hommes de couper la tête à 4500 prisonniers saxons.
Enfin, après des années de guerre, les Saxons sont battus. Ils deviennent chrétiens et citoyens du royaume franc.

Le roi des Francs fait toutes ces guerres pour agrandir son royaume et apporter le christianisme à d'autres peuples. Quand il devient empereur en 800, son empire est deux fois plus grand que le royaume de son père Pépin. Le nouvel empire de Rome comprend la plus grande partie des pays qui, aujourd'hui, s'appellent: les Pays-Bas, la Belgique, le Luxembourg, la France, l'Allemagne et l'Italie. Ce sont ces pays qui ont fondé en 1958, à Rome, la Communauté économique européenne. Il y a des gens qui disent que Charlemagne a été le premier Européen.

4. Le gouvernement de Charlemagne

Ce grand empire, il faut savoir le gouverner. Deux cents comtes s'en occupent. Pour les contrôler, Charles envoie des hommes (les «missi dominici») dans toutes les parties de l'empire. L'économie et le commerce commencent à se développer. En plus, des savants de toute l'Europe viennent à Aix-la-Chapelle, la capitale de l'empire. Ils y enseignent dans l'Ecole du Palais. Charlemagne, qui parle plusieurs langues, par exemple le latin, aime discuter avec eux. Il fonde aussi beaucoup d'écoles dans les cathédrales et les monastères. On y apprend à lire et à écrire le latin, on y prie et on y travaille. Aujourd'hui encore, en France, la Saint-Charlemagne est la fête des élèves (28 janvier).

5. La fin de l'empire

Après la mort de Charlemagne en 814, son empire ne va plus exister très longtemps. Son fils, Louis le Pieux, est un homme peu énergique. L'empire est trop grand pour lui. Les trois fils de Louis le Pieux, Charles, Louis et Lothaire, luttent contre leur père, et, après sa mort en 840, Charles et Louis font la guerre à Lothaire. Dans les «Serments de Strasbourg», ils se promettent de s'aider contre leur frère. Ces textes sont écrits en vieux français et en vieil allemand, les langues du peuple. Donc, les deux armées peuvent les comprendre. Ce sont les premiers textes qui existent en langue française. En 843, au traité de Verdun, les trois frères divisent l'empire de Charlemagne en trois parties. Charles a la partie ouest, qui va devenir plus tard la France. Louis a la partie est, qui va devenir l'Allemagne. Le pays de Lothaire, qui se trouve entre les deux, la Lotharingie, va donner son nom à la Lorraine.

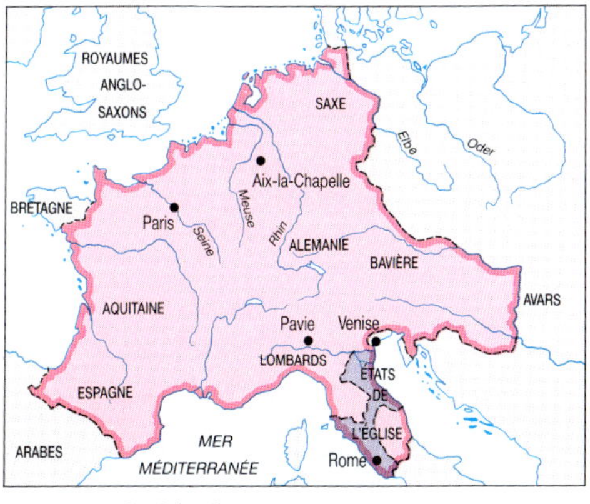

L'empire de Charlemagne en 814

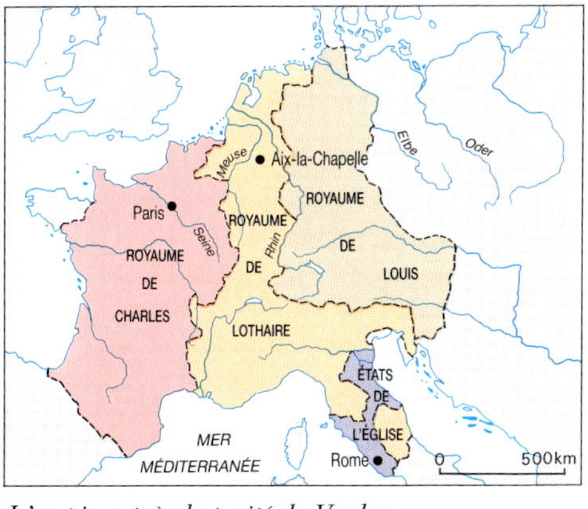

L'empire après le traité de Verdun

1. Reparlons du texte.

a) *Parties 1 et 2 (page 106):*
1. Qu'est-ce qui se passe le jour de Noël de l'an 800, dans la basilique St-Pierre, à Rome?
2. Quel est le titre de Charles avant ce jour-là, et quel est son titre après?
3. Qu'est-ce que vous savez sur Charles Martel?
4. Pourquoi est-ce que Pépin le Bref peut prendre le titre de roi des Francs?
5. Qu'est-ce que vous savez sur le jeune Charles?

b) *Partie 3 (pages 106 et 107):*
1. Relisez la partie 3. Ecrivez les dates et les guerres au tableau. Parlez de ces guerres.
2. Regardez la photo page 106. Dites ce que vous savez sur l'homme qui se trouve à côté de Charles.
3. Pourquoi est-ce que Charlemagne fait toutes ces guerres?
4. Parlez des pays que comprenait l'empire de Charlemagne.

c) *Partie 4 (page 107):*
1. Qu'est-ce que Charlemagne fait pour bien gouverner son empire?
2. Aix-la-Chapelle est une ville très importante pendant le règne de Charlemagne. Expliquez pourquoi.
3. Pourquoi est-ce qu'en France, la Saint-Charlemagne est la fête des élèves?

d) *Partie 5 (page 107):*
1. Parlez des «Serments de Strasbourg».
2. Regardez les deux cartes, page 107, puis parlez de l'empire carolingien après le traité de Verdun.

2. Familles de mots

a) Voici des noms que vous n'avez pas encore appris:

1. un apprentissage	4. une prière	7. une attaque	10. un développement
2. une fondation	5. une promesse	8. une lutte	11. une discussion
3. une existence	6. une division	9. un enseignement	12. un agrandissement.

Chercher dans le texte les verbes qui sont de la même famille que ces noms.
Traduisez les verbes et les noms en allemand.

b) *Complétez par les noms que vous avez traduits.*
1. Avant 768, Charles accompagnait souvent son père Pépin pendant ses campagnes. C'étaient ses années d' ....
2. ... contre les Saxons a duré de 772 à 803.
3. ... des Saxons contre les missionnaires chrétiens mettaient Charles en colère.
4. Sous Charlemagne, il n'y a pas eu seulement ... de l'empire,
5. mais aussi ... de l'économie et du commerce.
6. Charlemagne s'intéressait à ... que les savants donnaient à l'Ecole du Palais.
7. Entre l'empereur et les savants, il y avait souvent ... intéressantes.
8. Nous devons à Charles ... de beaucoup d'écoles.
9. Les monastères servaient à ..., mais aussi à l'enseignement et au travail.
10. 843 est l'année de ... de l'empire de Charlemagne en trois parties.
11. ... de l'empire carolingien a donc été courte.
12. Louis a fait à son frère ... de l'aider contre Lothaire.

3. L'imparfait et le passé composé (§§ 49, 50)

Relisez les deux premières parties du texte, page 106, puis mettez-les au passé.

4. Les pronoms personnels et les pronoms adverbiaux «en» et «y»

Complétez par des pronoms personnels, par y *et* en *et par* avoir.
Quand les points sont entre parenthèses, réfléchissez bien à la place du pronom.

Stéphanie (St.) parle avec son ami Serge (Se.).

St.: Tu sais, … suis allée voir mon copain allemand à Aix-la-Chapelle.
Se.: Dis donc, tu (…) n' (…) es pas restée longtemps.
St.: Si, une semaine. J'ai visité la ville. J' … ai d'ailleurs quelques photos.
Se.: Je (…) peux (…) voir?
St.: Bien sûr. Je (…) vais d'abord (…) montrer les photos de la cathédrale. Assieds- … là. Le fauteuil est pour ……, … prends la chaise.
Se.: C'est … qui … pris cette photo de la cathédrale?
St.: Oui, c'est … qui …… prise. La cathédrale … a beaucoup plu.
Se.: Ce n'est pas Charlemagne qui a fait d'Aix-la-Chapelle la capitale de son empire?
St.: Si, c'est …. D'ailleurs, beaucoup de savants (…) ont (…) vécu. L'empereur … demandait d'enseigner dans l'Ecole du Palais. Il aimait discuter avec …, et les savants (…) ont (…) appris beaucoup de choses.
Se.: Dis donc, c'est votre prof d'histoire qui … a raconté tout ça?
St.: Oui. Mais, j'ai lu aussi des livres sur Charlemagne. Je (…) intéresse beaucoup à l'histoire.

5. A vous

1. Pourquoi est-ce qu'on a donné à Charles le nom de «Charlemagne»?
2. Est-ce que vous êtes d'accord avec tout ce que Charlemagne a fait? Oui ou non? Dites pourquoi.
3. Qu'est-ce que l'histoire de Charlemagne peut nous enseigner?
4. Est-ce que vous êtes d'accord avec les gens qui disent que Charlemagne a été le premier Européen?
5. Tous les ans, la ville d'Aix-la-Chapelle donne à un personnage important le «Karlspreis». Qu'est-ce qu'il faut faire pour avoir ce prix?

Répondez aux questions. Discutez.
Eléments à employer:
- Moi, je pense / trouve / crois que …
- A mon avis, …
- Pour moi, …
- Je (ne) suis (pas) d'accord avec toi.
- Je (ne) suis (pas) d'accord avec ce que tu dis.
- Je (ne) suis (pas) de ton avis.

Chansons et poèmes

La ballade des gens heureux

1. Notre vieille terre est une étoile
   Où toi aussi tu brilles un peu
   Refrain
   Je viens te chanter la ballade
   La ballade des gens heureux
   Je viens te chanter la ballade
   La ballade des gens heureux
2. Tu n'as pas de titre ni de grade
   Mais tu dis «tu» quand tu parles à Dieu
   Refrain
   Je viens te chanter la ballade …
3. Journaliste pour ta première page
   Tu peux écrire tout ce que tu veux
   Refrain
   Je t'offre un titre formidable …
4. Toi qui as planté un arbre
   Dans ton petit jardin de banlieue
   Refrain
   Je viens te chanter la ballade …
5. Il s'endort et tu le regardes
   C'est un enfant il te ressemble un peu
   Refrain
   Je viens lui chanter la ballade …
6. Toi la star du haut de ta vague
   Descends vers nous tu nous verras mieux
   Refrain
   Je viens te chanter la ballade …
7. Roi de la drague et de la rigolade
   Rouleur, flambeur ou gentil petit vieux
   Refrain
   Je viens te chanter la ballade …
8. Comme un chœur dans une cathédrale
   Comme un oiseau qui fait ce qu'il peut
   Refrain
   Tu viens de chanter la ballade …

Disque (Gérard Lenorman)

Le coquillage magique

J'ai trouvé sur la plage
Un très beau coquillage
Qu'à la fin de l'été
Chez moi j'ai ramené.

De temps en temps le soir,
Je le sors du tiroir
Et j'écoute les vagues
Déferler sur le sable.

C'est la mer, c'est le ciel,
La plage, le soleil
Qui chantent à mes oreilles.

Extrait de *365 Histoires,*

L'homme qui te ressemble

J'ai frappé à ta porte
j'ai frappé à ton cœur
pour avoir bon lit
pour avoir bon feu
pourquoi me repousser?
Ouvre-moi mon frère! …

Pourquoi me demander
si je suis d'Afrique
si je suis d'Amérique
si je suis d'Asie
si je suis d'Europe?
Ouvre-moi mon frère! …

Pourquoi me demander
la longueur de mon nez
l'épaisseur de ma bouche
la couleur de ma peau
et le nom de mes dieux?
Ouvre-moi mon frère! …

Je ne suis pas un noir
je ne suis pas un rouge
je ne suis pas un jaune
je ne suis pas un blanc
mais je ne suis qu'un homme
Ouvre-moi mon frère! …

Ouvre-moi ta porte
Ouvre-moi ton cœur
car je suis un homme
l'homme de tous les temps
l'homme de tous les cieux
l'homme qui te ressemble! …

Chant des adieux

Arrangements: Margret Hauschild.

1. Faut-il nous quitter sans espoir,
Sans espoir de retour?
Faut-il nous quitter sans espoir
De nous revoir un jour?
Refrain
Ce n'est qu'un au revoir, mes frères,
Ce n'est qu'un au revoir,
Oui, nous nous reverrons, mes frères,
Ce n'est qu'un au revoir.

2. Formons de nos mains qui s'enlacent
Au déclin de ce jour,
Formons de nos mains qui s'enlacent
Une chaîne d'amour.
Refrain

Vocabulaire

Pour faire les exercices du livre

Hier sind die wichtigsten Anweisungen aus den Übungen dieses Buches zusammengestellt.

éléments à employer dans les réponses	Elemente, die in den Antworten zu verwenden sind
Faites l'interprète.	Spielt den Dolmetscher.
Dites si c'est juste ou faux.	Sagt, ob es richtig oder falsch ist.
Complétez par les verbes en italique.	Setzt die kursiv gedruckten Verben ein.
Formez trois groupes.	Bildet drei Gruppen.
Relisez le texte A.	Lest noch einmal den Text A.
Jouez les scènes.	Spielt die Szenen.
Prenez des notes.	Macht euch Notizen.
Répondez à la place de Pascal.	Antwortet an Stelle von Pascal.
une réponse fausse	eine falsche Antwort
Remplacez les mots en italique.	Ersetzt die kursiv gedruckten Wörter.
Trouvez un titre pour chaque paragraphe.	Findet für jeden Abschnitt eine Überschrift.
Résumez le texte.	Faßt den Text (kurz) zusammen.
Commentez le tableau.	Sprecht über die Aufstellung.
Comparez ...	Vergleicht ...
Employez l'expression qui convient.	Verwendet den passenden Ausdruck.
les verbes entre parenthèses	die Verben, die in Klammern stehen
Employez les éléments que voici.	Verwendet die folgenden Elemente.
Cherchez les verbes qui sont de la même famille que ...	Sucht die Verben, die zu derselben (Wort-)Familie gehören wie ...
Traduisez.	Übersetzt.

Leçon 1

A Paris, c'est ...

la Seine [lasɛn]	die Seine *(Fluß durch Paris)*
un pont	eine Brücke
un bouquiniste [ɛ̃bukinist]	ein Bouquinist *(Antiquariatsbuchhändler am Seineufer in Paris)*
un canal, des can**aux**	ein Kanal, Kanäle
le canal St-Martin	der Kanal St. Martin *(sehenswerter Kanal in Paris)*
une vieille maison [ynvjɛjmɛzɔ̃]	ein altes Haus
un bâtiment	ein Gebäude
moderne	modern
une usine	eine Fabrik
un grand magasin	ein Kaufhaus
un cimetière [ɛ̃simtjɛr]	ein Friedhof
beaucoup de voitures	viele Autos
l'arrivée *(f)*	die Ankunft
le tour de France	die Tour de France

B … mais c'est aussi, bien sûr, …

une tour	ein Turm
la tour Eiffel [...ɛfɛl]	der Eiffelturm *(erbaut 1889 nach Plänen des frz. Ingenieurs Gustave Eiffel)*
un pied [ɛ̃pje]	ein Fuß
monter	hinaufsteigen/-fahren/-gehen
monter à pied	zu Fuß hinaufsteigen
monter à la tour Eiffel	auf den Eiffelturm steigen
une marche	eine (Treppen)Stufe
mille six cent cinquante-deux [milsisɑ̃sɛ̃kɑ̃tdø]	1652
un ascenseur [ɛ̃nasɑ̃sœr]	ein Aufzug/Lift
le centre Pompidou	*auf Veranlassung von Georges Pompidou errichtetes sehr modernes Kunsthaus in Paris; beherbergt Ausstellungsräume, eine Bibliothek und Kinosäle*
un cracheur de feu [ɛ̃kraʃœrdəfø]	ein Feuerschlucker
un métier [ɛ̃metje]	ein Beruf
la gorge [lagɔrʒ]	der Hals/die Kehle
avoir mal à la gorge	Halsschmerzen haben
un musée	ein Museum
une bibliothèque	eine Bibliothek
Montmartre [mõmartr]	Montmartre *(Stadtviertel von Paris)*
le Sacré-Cœur [ləsakrekœr]	*Kirche auf dem Hügel von Montmartre*
la place du Tertre [...dytɛrtr]	*Platz auf Montmartre; Treff von Malern und Touristen*
un peintre [ɛ̃pɛ̃tr]	ein Maler
l'argent *(m)* [larʒɑ̃]	das Geld
C'est pas mal.	*umgangssprachlich für* «Ce **n**'est **pas** mal.»
venir [vənir] je viens [ʒəvjɛ̃], tu viens, il vient, nous venons [nuv(ə)nõ], vous venez, ils viennent [ilvjɛn]	kommen
Je viens souvent **ici.**	Ich komme oft hierher.
un/une touriste	ein Tourist, eine Touristin
un boulevard [ɛ̃bulvar]	ein Boulevard
les Grands Boulevards	*große Geschäftsstraßen in Paris*
quatre mille [mil]	4000
balayer [balɛje]	(weg)fegen/kehren
le métro	die U-Bahn
premier [prəmje], **première** [prəmjɛr]	erster, erste, erstes
pour la première fois	zum ersten Mal
voyager [vwajaʒe]	reisen
le Louvre [ləluvr]	*ehemals Königsschloß, heute Museum in Paris*
une statue [ynstaty]	eine Statue
un tableau [ɛ̃tablo], des tableau**x**	ein Bild/Gemälde, Bilder
la Joconde [laʒɔkõd]	die Mona Lisa *(Gemälde von Leonardo da Vinci)*
tenir [tənir] je tiens [ʒətjɛ̃], tu tiens, il tient, nous tenons, vous tenez, ils tiennent [iltjɛn]; j'ai tenu [təny]	halten
Tiens!	Sieh da!/Sieh an!
une femme de ménage	eine Reinmachefrau/Putzfrau

Exercices

1	**un balayeur** [ɛ̃balɛjœr]	ein Straßenkehrer
	moi non plus [mwanõply]	ich auch nicht
2	**la gare de l'Est**	der Ostbahnhof *(in Paris)*
	un taxi	ein Taxi
	Pierre Cardin [kardɛ̃]	*frz. Modeschöpfer*
	passer	*hier:* verbringen
	Il **a** passé trois jours à Paris.	Er hat drei Tage in Paris verbracht.
	J'ai **vendu** mon appareil photo.	Ich habe meinen Photoapparat verkauft.

3 **Payot** [pajo] / **Brun** [brɛ̃] / **Rochas** [rɔʃa]	*Familiennamen*
Gilbert [ʒilbɛr]	*männl. Vorname*
Véronique [verɔnik]	*weibl. Vorname*
– **D'où est-ce que tu viens?**	– Wo kommst du her?
– Je **viens de chez** le dentiste.	– Ich komme vom Zahnarzt.
4 **Cannes** [kan]	*Stadt in Frankreich*
Monaco	Monaco
Vendôme [vɑ̃dom]	*Stadt in Frankreich*
la Suisse [lasɥis]	die Schweiz

C Jörg à Paris

Jörg **est allé** à Paris.	Jörg ist nach Paris gefahren.
le neuf juillet [ʒɥijɛ]	der/am 9. Juli
hier [jɛr]	gestern
Nous voilà donc à Paris.	Nun sind wir also in Paris.
la rue Lepic [...ləpik]	*Straße in Paris*
un oncle [ɛ̃nɔ̃kl]	ein Onkel
un ouvrier [ɛ̃nuvrije], **une ouvrière** [ynuvrijɛr]	ein Arbeiter, eine Arbeiterin
travailler **chez** Renault	bei Renault arbeiten
un moment [ɛ̃mɔmɑ̃]	ein Moment/Augenblick
en ce moment	im Augenblick/zur Zeit
être au chômage [ɛtroʃomaʒ]	arbeitslos sein
Pierre et moi, **nous sommes arrivés.**	Pierre und ich (wir) sind angekommen.
la gare d'Austerlitz [lagardostɛrlits]	der Bahnhof Austerlitz *(in Paris)*
Nous avons **attendu.**	Wir haben gewartet.
la sortie	der Ausgang/die Ausfahrt
un quai [ɛ̃kɛ]	ein Bahnsteig/Kai
un cousin [ɛ̃kuzɛ̃], **une cousine** [ynkuzin]	ein Cousin, eine Kusine
sympathique [sɛ̃patik]	sympathisch
Mme Perrier a **voulu** nous montrer Paris.	Mme Perrier hat uns Paris zeigen wollen.
Quel monde...!	So viele Leute...!
Pierre et moi, **nous sommes montés** à pied.	Pierre und ich (wir) sind zu Fuß hinaufgestiegen.
Nadine et sa mère **sont restées** en bas.	Nadine und ihre Mutter sind unten geblieben.
une vue	eine Aussicht/ein Ausblick
Nadine **est arrivée par** l'ascenseur.	Nadine ist mit dem Aufzug angekommen.
tomber	fallen
essayer de faire qc [eseje...]	versuchen, etw. zu tun
attraper	(auf)fangen
tard [tar]	spät
Pierre et moi, **nous sommes descendus.**	Pierre und ich (wir) sind hinuntergestiegen.
triste [trist]	traurig
Nadine **a été triste.**	Nadine ist traurig gewesen.
tout l'après-midi [tulaprɛmidi]	der ganze/den ganzen Nachmittag
une promenade [ynprɔmnad]	ein Spaziergang/eine Spazierfahrt
un bateau [ɛ̃bato], des bateau**x**	ein Boot/Schiff, Boote/Schiffe
une promenade en bateau	eine Boots-/Schiffahrt
l'île de la Cité [lildəlasite]	*Seineinsel; ältester Stadtteil von Paris*
Notre-Dame (de Paris)	*gotische Kathedrale in Paris*
un clochard [ɛ̃klɔʃar]	ein Stadtstreicher
le mari	der Ehemann
la femme	die (Ehe)Frau
un bébé	ein Baby
il a **répondu**	er hat geantwortet
une voiture d'enfant	ein Kinderwagen
les affaires *(f)* [lezafɛr]	die Sachen
le (vin) rouge	der Rotwein
M. Perrier **est venu** avec nous.	M. Perrier ist mit uns gekommen.
une nouvelle	eine Nachricht

	J'attends de tes nouvelles.	Ich warte auf Nachricht von dir.		
	l'amitié *(f)* [lamitje]	die Freundschaft		
	Amitiés, Jörg	Herzliche Grüße, Jörg		

Exercices

1	– Ils sont venus **par le train?**	– Sind sie mit dem Zug gekommen?
	– Non, **en voiture.**	– Nein, mit dem Auto.
2	**aller chercher qn à la gare**	jdn. vom Bahnhof abholen
3	**une idée**	eine Idee
	Bonne idée!	Gute Idee!
4	à **minuit**	um Mitternacht
5	**Lacoste**	*Familienname*
	une concierge [ynkõsjɛrʒ]	eine Hausmeisterin
	Sarcelles [sarsɛl]	*Vorort von Paris*
	cela [sla]	das

Révision

● *Ecrire une lettre à des amis*

Paris, le 1er juillet [...ləprəmje...]	Paris, den 1. Juli
Paris, le 2 juillet [...lədø...]	Paris, den 2. Juli
Paris, le 11 juillet [...ləõz...]	Paris, den 11. Juli
Chers amis,	Liebe Freunde,
Chers M. et Mme Roussel,	Liebe Frau Roussel, lieber Herr Roussel,
(Mon) cher Pierre,	(Mein) lieber Pierre,
(Ma) chère Nicole,	(Meine) liebe Nicole,
Merci pour ta lettre.	Danke für Deinen Brief.
Je suis (bien) content(e) d'avoir de tes nouvelles.	Ich freue mich (sehr), von Dir zu hören.
Je n'ai pas répondu plus tôt à ta lettre parce que ...	Ich habe Deinen Brief nicht früher beantwortet, weil ...
Excuse-moi./Je le regrette beaucoup.	Entschuldige./Es tut mir sehr leid.
Dans ta lettre, tu me demandes comment ça va. Moi, ça va bien. Et toi?	In Deinem Brief fragst Du, wie es mir geht. Mir geht's gut. Und Dir?
Est-ce que tu vas bien?	Geht's Dir gut?
Tu as le bonjour de mes parents.	Meine Eltern lassen Dich grüßen.
(Donne le) bonjour à tes parents.	Grüße Deine Eltern.
Salut aux copains.	Grüße an die Freunde.
J'attends de tes nouvelles.	Ich warte auf Nachricht von Dir.
A bientôt.	Bis bald.
Salut.	Grüß Dich!/Viele Grüße.
Amitiés. / **Amicalement.**	Herzliche Grüße.
Je t'embrasse.	Ich umarme Dich.
Grosses bises. [grosbiz]	Viele Küsse!

Leçon 1: Perfectionnement

La légende de saint Denis

une légende [ynleʒɑ̃d]	eine Legende
un saint [ɛ̃sɛ̃]	ein Heiliger,
une sainte [ynsɛ̃t]	eine Heilige
saint Denis [sɛ̃dni]	der heilige Denis *(1. Bischof von Paris im 3. Jhd. n. Chr.)*
une colline	ein Hügel
une basilique [ynbazilik]	eine Basilika
Saint-Denis	*Stadt nördlich von Paris*
visiter qc	etw. besichtigen
penser à qc [pɑ̃se]	an etw. denken
un siècle [ɛ̃sjɛkl]	ein Jahrhundert
au troisième siècle	im 3. Jahrhundert

Jésus-Christ [ʒezykri]	Jesus Christus
le Christ [ləkrist]	Christus
une province [ynprɔvɛ̃s]	eine Provinz
romain, romaine [rɔmɛ̃, rɔmɛn]	römisch
la Gaule [lagol]	Gallien
un Gaulois [ɛ̃golwa], **une Gauloise** [yngolwaz]	ein Gallier, eine Gallierin
un citoyen [ɛ̃sitwajɛ̃], **une citoyenne** [ynsitwajɛn]	ein Bürger, eine Bürgerin
un dieu [ɛ̃djø], des dieu**x**	ein Gott, Götter
croire (en Dieu/à des dieux) [krwar]	(an Gott/Götter) glauben
Rome [rɔm]	Rom
sacrifier (à un dieu)	(einem Gott) opfern/ Opfer darbringen
un chrétien, une chrétienne	ein Christ, eine Christin
une époque	eine Epoche/Zeit
à cette époque	zu dieser Zeit/damals
un village [ɛ̃vilaʒ]	ein Dorf
se trouver	sich befinden
Lutèce [lytɛs]	Lutetia *(Stadt in Gallien; heißt seit dem 3. Jhdt. n. Chr. „Paris")*
en 272	im Jahr 272
quelques	einige
un évêque [ɛ̃nevɛk]	ein Bischof
un juge [ɛ̃ʒyʒ]	ein Richter
dernier, dernière	letzter, letzte, letztes
vrai, vraie [vrɛ]	wahr, wirklich
couper la tête à qn	jdm. den Kopf abschlagen

un spectateur, une spectatrice	ein Zuschauer, eine Zuschauerin
surpris, surprise	überrascht
bouger [buʒe]	sich bewegen/rühren
tomber mort	tot umfallen
enterrer qn	jdn. beerdigen
devenir [dəvnir]	werden
un Romain, une Romaine	ein Römer, eine Römerin
le «mont des Martyrs»	der Berg der Märtyrer *(Einer anderen Erklärung zufolge geht der Name «Montmartre» auf «le mont de Mercure» zurück.)*
gothique [gɔtik]	gothisch
le septième siècle [sɛtjɛm]	das 7. Jahrhundert
le dix-huitième siècle [dizɥitjɛm]	das 18. Jahrhundert
un roi [ɛ̃rwa], **une reine** [ynrɛn]	ein König, eine Königin
un tombeau, des tombeau**x**	ein Grabmal, Grabmäler
Dagobert [dagɔbɛr]	Dagobert *(König der Franken von 629–638)*
un Franc [ɛ̃frɑ̃], **une Franque** [ynfrɑ̃k]	ein Franke, eine Fränkin

Compréhension orale – Une interview

une interview [ynɛ̃tɛrvju]	ein Interview
visiter	besichtigen
énerver qn	jdn. aufregen/jdm. auf die Nerven gehen

Leçon 2

A Les chats de Montmartre

un chat [ɛ̃ʃa],	eine Katze *(allgemein)*, ein Kater,
une chatte [ynʃat]	eine *(weibliche)* Katze
un toit [ɛ̃twa]	ein Dach
un animal, des anim**aux**	ein Tier, Tiere
beau, bel, belle [bo, bɛl, bɛl]	schön
un beau chat	eine schöne Katze
un bel animal	ein schönes Tier
Cet animal est beau.	Dieses Tier ist schön.

une belle vue	eine schöne Aussicht
Jeanne [ʒan]	*weibl. Vorname*
Mistigris [mistigri], **Flibustier** [flibystje]	*hier: Namen von Katzen*
une grand-mère	eine Großmutter
un grand-père	ein Großvater
sortir (de) [sɔrtir] je sors [ʒəsɔr], tu sors, il sort, nous sortons [nusɔrtõ], vous sortez, ils sortent [ilsɔrt]	hinaus-/ausgehen
Le chat **est sorti.** [...ɛsɔrti]	Die Katze ist hinausgegangen.
Le chat **sort de** la maison.	Die Katze geht aus dem Haus.
comme toujours	wie immer
revenir	zurückkommen/-kehren
Le chat n'**est** pas **revenu.**	Die Katze ist nicht zurückgekommen.
penser (à)	denken (an)
Elle est triste, **tu penses!**	Du kannst dir vorstellen, wie traurig sie ist!
vieux, vieil, vieille [vjø, vjɛj, vjɛj]	alt
un vieux chat	eine alte Katze
un vieil homme	ein alter Mann
Cet homme est vieux.	Dieser Mann ist alt.
une vieille dame	eine alte Dame
perdre	verlieren
Nous avons **perdu** notre chat.	Wir haben unsere Katze verloren.
une annonce	eine Annonce/Anzeige
un journal [ɛ̃ʒurnal], des journ**aux** [deʒurno]	eine Zeitung, Zeitungen
Et alors? [ealɔr]	Und dann?
une réponse	eine Antwort
voler [vɔle]	stehlen
un/une concierge [...kõsjɛrʒ]	ein Hausmeister, eine Hausmeisterin
un quartier [ɛ̃kartje]	ein Stadtviertel
nouveau, nouvel, nouvelle [nuvo, nuvɛl, nuvɛl]	neu *(im Sinne von „anders")*
un nouveau quartier	ein neues Stadtviertel
un nouvel appartement	eine neue Wohnung
Cet appartement est nouveau.	Diese Wohnung ist neu.
une nouvelle concierge	eine neue Hausmeisterin
pouvoir	können
Elle n'a pas **pu** répondre.	Sie hat nicht antworten können.
un épicier [ɛ̃nepisje], **une épicière** [ynepisjɛr]	ein Lebensmittelhändler, eine Lebensmittelhändlerin
entendre [ɑ̃tɑ̃dr]	hören
Peut-être qu'il a entendu parler des chats.	Vielleicht hat er von den Katzen gehört.
aller voir qn	jdn. aufsuchen/besuchen
une chose	eine Sache/Angelegenheit/ein Ding
curieux, curieuse [kyrjø, kyrjøz]	neugierig; *hier:* merkwürdig/seltsam
une chose curieuse	etw. Merkwürdiges/Seltsames
dormir [dɔrmir] je dors [ʒədɔr], tu dors, il dort, nous dormons [nudɔrmõ], vous dormez, ils dorment [ildɔrm]	schlafen
Les amis n'ont pas bien **dormi.**	Die Freunde haben nicht gut geschlafen.

Exercices

2	**Mais non, voyons!**	Aber nein!

B Une camionnette verte

une camionnette	ein Lieferwagen
un article	ein Zeitungsartikel
un voleur, une voleuse	ein Dieb, eine Diebin
la police	die Polizei
rechercher qn	nach jdm. fahnden/suchen
une recherche	eine Fahndung/Suche

un cheveu, des cheveu**x** [...ʃ(ə)vø]	ein Haar, Haare
blond, blonde [blõ, blõd]	blond
avoir les cheveux blonds	blonde Haare haben
un œil, des yeux [ɛ̃nœj, dezjø]	ein Auge, Augen
avoir les yeux bleus	blaue Augen haben
des lunettes *(f)*	eine Brille
un laboratoire [ɛ̃labɔratwar]	ein Labor(atorium)
partir [partir] je pars [ʒəpar], tu pars, il part, nous partons [nupartõ], vous partez, ils partent [ilpart]	aufbrechen/weggehen/abfahren
Les amis **sont partis** à la recherche du voleur.	Die Freunde haben sich auf die Suche nach dem Dieb gemacht.
la journée [laʒurne]	der Tag/Tagesablauf
tout, toute [tu, tut]	ganz
tous, toutes [tu, tut]	alle
tout le quartier	das ganze Stadtviertel
toute la journée	den ganzen Tag
tous les parkings	alle Parkplätze
toutes les camionnettes	alle Lieferwagen
photographier [fɔtɔgrafje]	photographieren
passer devant qc	an etw. vorbeigehen
Ils vont voir.	*hier:* Sie gehen nachsehen.
Bonneau [bɔno]	*Familienname*
une pension [ynpɑ̃sjõ]	eine Pension
un miaulement [ɛ̃mjolmɑ̃]	ein Miauen
une cave	ein Keller
découvrir	entdecken
Les amis ont **découvert** les chats.	Die Freunde haben die Katzen entdeckt.
dans le noir	im Dunkeln
une cage	ein Käfig

Exercices

3	**Minouche** [minuʃ]	*Katzenname*
	le manger [ləmɑ̃ʒe]	das Futter
4	**Michèle, Dulon**	*Familiennamen*
	faire du bruit [...brɥi]	Krach/Lärm machen
5	**brun, brune** [brɛ̃, bryn]	braun
	Il a les cheveux bruns.	Er hat dunkle Haare.
	court, courte [kur, kurt]	kurz
	long, longue [lõ, lõg]	lang

C La cave

un inspecteur	ein Inspektor
Bonjour, monsieur l'inspecteur.	Guten Tag, Herr Inspektor.
C'est pour vous dire que...	Wir sind gekommen, um Ihnen zu sagen, daß...
Avez-vous vu les chats?	Habt ihr die Katzen gesehen?
Ah bon? Où ça?	Ach ja? Wo denn?
la place Emile-Goudeau	*Name eines Platzes in Montmartre*
Ça, c'est Jeanne.	Das ist Jeanne.
Lemaître	*Familienname*
On habite rue Lepic, au (numéro) **23.**	Wir wohnen Lepicstraße 23.
Mon ami s'appelle Jörg.	Mein Freund heißt Jörg.
Il est **en vacances** ici.	Er ist hier in Ferien.
On y va?	Gehen wir?
une demi-heure après	eine halbe Stunde später
arrêter qn	*hier:* jdn. verhaften
Denfer [dɑ̃fɛr]	*Familienname*
heureux, heureuse [œrø, œrøz]	glücklich/froh/zufrieden
revoir qn	jdn. wiedersehen
Elle a été heureuse de revoir le chat.	Sie war glücklich, die Katze wiederzusehen.
la joie [laʒwa]	die Freude
pleurer	weinen
pleurer de joie	vor Freude weinen
la S.P.A.	*Abkürzung für «la Société protectrice des animaux» (frz. Tierschutzverein)*
écrire à qn	jdm. schreiben
elle a **écrit** [...ekri]	sie hat geschrieben

Révision

● *Une ville*

une ville	eine Stadt	**une banque**	eine Bank
le centre-ville	das Stadtzentrum	**une poste**	eine Post
une rue	eine Straße	**un Hôtel de Ville**	ein Rathaus
un boulevard	ein Boulevard	**une bibliothèque**	eine Bibliothek
une avenue	eine Allee	**un musée**	ein Museum
une place	ein Platz	**une cathédrale**	eine Kathedrale
un quartier	ein Stadtviertel	**un collège**	ein «collège»
une maison	ein Haus	**un cinéma**	ein Kino
un bâtiment	ein Gebäude	**une Maison des Jeunes et de la Culture**	ein Jugend- und Kulturzentrum
une cour	ein Hof	**une gare**	ein Bahnhof
un pont	eine Brücke	**le métro**	die Metro/U-Bahn
un cimetière	ein Friedhof	**une station de métro**	eine Metrostation
un parking	ein Parkplatz	**un hôtel**	ein Hotel
une usine	eine Fabrik	**un restaurant**	ein Restaurant
un marché	ein Markt	**un hôtel-restaurant**	ein Hotel-Restaurant
un marché aux puces	ein Flohmarkt	**un café**	ein Wirtshaus
un supermarché	ein Supermarkt		
un magasin	ein Geschäft		
un grand magasin	ein Kaufhaus		
une pharmacie	eine Apotheke		

Leçon 2: Perfectionnement

Le portefeuille

un portefeuille [ɛ̃pɔrtəfœj]	eine Brieftasche
visiter	besichtigen
rue Saint-Honoré [rysɛ̃tɔnɔre]	*Straße in Paris*
un plan	ein (Übersichts)Plan
dedans	hinein/darin
une jambe [ynʒɑ̃b]	ein Bein
un billet [ɛ̃bijɛ]	eine Fahrkarte
le retour	die Rückfahrt/Rückkehr
un billet de retour	eine Rückfahrkarte
un trottoir [ɛ̃trɔtwar]	ein Bürgersteig/Gehweg
plouf! [pluf]	plumps!
la bouche	der Mund/die Öffnung
un égout [ɛ̃negu]	ein Abwasserkanal
une bouche d'égout	ein Gully
un commissariat	ein Polizeirevier
rue des Bons-Enfants	*Straße in Paris*
une catastrophe [ynkatastrɔf]	eine Katastrophe/ein großes Unglück
la chance [laʃɑ̃s]	das Glück/die Chance
Vous avez encore une petite chance.	Ihr habt noch eine kleine Chance.
un dessin [ɛ̃desɛ̃]	eine Zeichnung
une galerie [yngalri]	*hier:* ein unterirdischer Gang
le milieu [ləmiljø]	die Mitte

au milieu	in der Mitte
un cas [ɛ̃ka]	ein Fall
en ce cas	in diesem Fall
un égoutier [ɛ̃negutje]	ein Kanalreiniger
et alors là	und dann
un accès [ɛ̃naksɛ]	ein Zugang/Zutritt
une bouche d'accès	*hier:* ein Kanalschacht
un trou [ɛ̃tru]	ein Loch
interdire qc	etw. untersagen/verbieten
C'est interdit.	Das ist verboten.
une exception	eine Ausnahme
l'attention *(f)*	die Aufmerksamkeit/Achtung
faire attention	aufpassen
hein? [ɛ̃]	*hier:* nicht?/ja?
glisser	gleiten/rutschen
Ça glisse là-dedans.	Da drinnen ist es glatt/rutschig.
Emile [emil]	*männl. Vorname*
une lampe [ynlɑ̃p]	eine Lampe
un tunnel]ɛ̃tynɛl]	ein Tunnel
un mur	eine Wand/Mauer
danser	tanzen
la joie [laʒwa]	die Freude
danser de joie	vor Freude tanzen
une bêtise [ynbetiz]	eine Dummheit/ein Unfug
une entrée	ein Eingang
place de la Résistance	*Name eines Platzes in Paris*
le quai d'Orsay [ləkɛdɔrsɛ]	*Uferstraße in Paris*
remonter	*hier:* wieder hinaufsteigen

Compréhension orale – Sur l'escalier du Sacré-Cœur

Hein?	*hier:* Was?/Wie bitte?
Albert [albɛr]	*männl. Vorname*
depuis [dəpɥi]	seit
chanter	singen
la vie	das Leben

Leçon 3

A Faisons des crêpes.

une crêpe	eine «crêpe» *(dünner Eierpfannkuchen)*
une recette	ein Kochrezept
un gramme (de)	ein Gramm
un litre (de)	ein Liter
un demi-litre (de)	ein halber Liter
un peu (de)	ein wenig/ein bißchen
une cuillère (de) [ynkɥijɛr]	ein Löffel
la farine	das Mehl
Prenez de la farine.	Nehmt/Nehmen Sie Mehl.
Combien de farine?	Wieviel Mehl?
le lait [ləlɛ]	die Milch
le sel [ləsɛl]	das Salz
On prend du sel.	Man nimmt Salz.
le sucre [ləsykr]	der Zucker
le sucre vanillé [...vanije]	der Vanillezucker
un œuf [ɛ̃nœf], **des œufs** [dezø]	ein Ei, Eier
mélanger	mischen/verrühren
un saladier	eine Rühr-/Salatschüssel
la pâte	der Teig
épais, épaisse	dicht; *hier:* dickflüssig/fest
ajouter	hinzufügen/ergänzen
le cognac	der Kognak
le beurre [ləbœr]	die Butter
fondu, fondue	geschmolzen
du beurre fondu	zerlassene Butter
une poêle [ynpwal]	eine Pfanne
verser	ein-/ausgießen; *hier:* hineingeben
juste	*hier:* gerade/eben

assez (de)	genug/genügend
garnir	garnieren/versehen mit; *hier:* bedecken
le fond	der Boden/Grund
juste assez de pâte pour garnir le fond	gerade genug Teig, um den Boden zu bedecken
retourner	zurück-/umkehren
Elle **est** retournée à Paris.	Sie ist nach Paris zurückgekehrt.
retourner une crêpe	eine «crêpe» wenden
Elle **a** retourné la crêpe.	Sie hat die «crêpe» *(in der Pfanne)* gewendet.
servir je sers, tu sers, il sert, nous servons, vous servez, ils servent [ilsɛrv]	servieren/bedienen
la confiture	die Marmelade
Il a **servi** une crêpe avec de la confiture.	Er hat eine «crêpe» mit Marmelade *(darauf)* serviert.

B Caroline et Bruno font des crêpes.

Caroline	*weibl. Vorname*
Bruno [bryno]	*männl. Vorname*
Chasseral [ʃasral]	*Familienname*
Versailles [vɛrsaj]	*Stadt bei Paris*
inviter qn (à faire qc)	jdn. einladen, (etw. zu tun)
Caroline a invité ses copines à manger des crêpes.	Caroline hat ihre Freundinnen eingeladen, «crêpes» zu essen.
une bêtise [ynbetiz]	eine Dummheit/ein dummer Streich
Ne faites pas trop de bêtises!	Macht nicht zuviel Unsinn!
Tu pourrais montrer à Bruno comment…	Du könntest Bruno zeigen, wie…
On pourrait inviter des amis.	Man könnte/Wir könnten Freunde einladen.
Pourriez-vous mélanger la pâte?	Könnten Sie den Teig verrühren?

un pot (de) [ɛ̃po]	ein Topf/Glas
une boisson [ynbwasõ]	ein Getränk
le cidre	der Cidre *(frz. Apfelwein)*
l'eau *(f)* [lo]	das Wasser
l'eau minérale	das Mineralwasser
Elle achète **de la farine, du cidre, de l'eau minérale et des œufs.**	Sie kauft Mehl, Cidre, Mineralwasser und Eier.
Il faut de la farine.	Man braucht Mehl.
Il **en** faut **combien?** [ilɑ̃fokõbjɛ̃]	Wieviel braucht man (davon)?
Et **du sel,** tu **n'en** mets **pas?**	Und Salz tust du nicht hinein?
Si, j'**en** mets **un peu.**	Doch, ich tue ein bißchen hinein.
cuire	kochen/backen/garen
faire cuire qc	etw. kochen/backen/garen
le miel [ləmjɛl]	der Honig
Je prends **une crêpe** avec du miel.	Ich nehme eine «crêpe» mit Honig.
J'**en** prends **une** sans sucre.	Ich nehme eine ohne Zucker.
préférer qc [prefere] je préfère [prefɛr], nous préférons [preferõ], ils préfèrent [prefɛr]; il a préféré [prefere]	etw. vorziehen/lieber mögen
Toi, tu **aimes le** miel.	Du *(betont)* magst/ißt gern Honig.
Mais moi, je **préfère la** confiture.	Aber ich *(betont)* mag/esse lieber Marmelade.
boire [bwar] je bois [bwa], tu bois, il boit, nous buvons [byvõ], vous buvez, ils boivent [bwav]; il a bu	trinken
froid, froide [frwa, frwad]	kalt/kühl
quelque chose de froid/de chaud	etwas Kaltes/Kühles/Warmes

	Les crêpes sont bonnes. **Il y en a** encore? [iljɑ̃naɑ̃kɔr]	Die «crêpes» schmecken gut. Sind noch welche da?
	dernier, dernière	letzter, letzte, letztes
	Tu as mangé la dernière (crêpe).	Du hast die letzte («crêpe») gegessen.

Exercices

2	**Poulin, Guyon, Colin** [pulɛ̃], [gɥijõ], [kɔlɛ̃] **Nicolas** [nikɔla]	*Familiennamen*
4	**une salade de fruits**	ein Obstsalat
5	**Jean-Pierre**	*männl. Vorname*
	Martine, Annick, Françoise	*weibl. Vornamen*
	offrir à boire à qn	jdm. zu trinken anbieten
6	**beaucoup (de)**	viel, viele

C Au téléphone

J'en ai marre.	Mir reicht's!/Ich hab's satt!
proposer à qn de faire qc	jdm. vorschlagen, etw. zu tun
Bruno propose à ses amis d'écouter des cassettes.	Bruno schlägt seinen Freunden vor, Kassetten zu hören.
jouer au «téléphone»	das „Telefonspiel“ spielen
faire le numéro de qn	jds. Telefonnummer wählen
les P. et T. [lepeete]	*Abkürzung für «les Postes et Télécommunications» (frz. Post- und Fernmeldewesen)*
les P.T.T. [lepetete]	*Abkürzung für «Postes, Télégraphes et Téléphones» (frühere Bezeichnung für «les P. et T.»)*
un service	ein Dienst/eine Dienstleistung
le service des dérangements	der Telefon-Entstörungsdienst
chanter	singen
une chanson [ynʃɑ̃sõ]	ein Lied/Chanson
un boulanger [ɛ̃bulɑ̃ʒe],	ein Bäcker,
une boulangère [ynbulɑ̃ʒɛr]	eine Bäckerin
Moulin [mulɛ̃]	*Familienname*
un moulin	eine Mühle
un meunier [ɛ̃mønje]	ein Müller
raccrocher	den Hörer wieder auflegen
Je n'en peux plus.	Ich kann nicht mehr!
la musique	die Musik
le prof	*Abkürzung für «le professeur»*
pas au téléphone	nicht am Telefon

Exercices

1	**Jacques**	*männl. Vorname*
	Qu'est-ce que vous avez **bu avec?**	Was habt ihr dazu getrunken?
2	**Berger** [bɛrʒe]	*Familienname*
	Bruxelles [bry(k)sɛl]	Brüssel
	hein?	*hier:* nicht wahr?
3	**à la main** [alamɛ̃]	in der Hand

Révision

● *Faites attention au genre. – Achtet auf das Genus.*

Femininum	*Maskulinum/Neutrum*	*Maskulinum*	*Femininum*
une fenêtre	ein Fenster	**un fruit**	eine Frucht
une salle	ein Raum/Saal	**un ananas**	eine Ananas
la radio	das Radio	**un citron**	eine Zitrone
une tour	ein Turm	**un artichaut**	eine Artischocke

une place	ein Platz	**un coca**	eine Cola
une photo	ein Foto	**un vase**	eine Vase
une danse	ein Tanz	**un numéro**	eine Nummer
une fête	ein Fest	**un chat**	eine Katze
une balle	ein Ball	**un garage**	eine Garage
une chanson	ein Lied	**un étage**	eine Etage
une recette	ein Rezept	**un contrôle**	eine Kontrolle
une salade	ein Salat	**le métro**	die Metro/U-Bahn
une caravane	ein Caravan/ Wohnwagen	**le tour** (de France)	die Tour (de France)
		le chocolat	die Schokolade
		le beurre	die Butter

● *Article ou pas d'article?*

J'ai mal **à la** gorge/ **à la** tête/**aux** pieds.	Ich habe Hals-/Kopf-/ Fußschmerzen.
J'ai **les** cheveux blonds/bruns/ courts/longs.	Ich habe blonde/ dunkle/kurze/lange Haare.
J'ai **les** yeux bleus/ noirs/verts.	Ich habe blaue/ schwarze/grüne Augen.
Je fais **du** camping.	Ich gehe zelten.
Je joue **de la** guitare.	Ich spiele Gitarre.
Je joue **au** foot.	Ich spiele Fußball.
Vous avez **le** télé-phone?	Haben Sie Telefon?
Je n'ai pas **le** télé-phone.	Ich habe kein Telefon.
Mon numéro de télé-phone, c'est **le** 47 49 03.	Meine Telefonnummer lautet 47 49 03.
Aujourd'hui, il y a **le** marché.	Heute ist Markt.
Bonjour, monsieur l'inspecteur.	Guten Tag, Herr Inspektor!
Il est quatre heures moins **le** quart/et quart.	Es ist Viertel vor vier/Viertel nach vier.
Je n'ai plus **le** temps de lire le journal.	Ich habe keine Zeit mehr, die Zeitung zu lesen.
Je ne regarde jamais **la** télé.	Ich sehe niemals fern.
J'écoute **la** radio.	Ich höre Radio.
J'ai soif/faim/peur.	Ich habe Durst/ Hunger/Angst.
Je n'ai pas soif/ faim/peur.	Ich habe keinen Durst/ Hunger/keine Angst.

Leçon 3: Perfectionnement

Compréhension orale – Une recette

une émission	*hier:* eine Rundfunk-sendung
Chatel [ʃatɛl]	*Familienname*
un dessert [ɛ̃desɛr]	ein Dessert/Nachtisch
une surprise [ynsyrpriz]	eine Überraschung
un dessert surprise	ein „Überraschungs-nachtisch“
un plat [ɛ̃pla]	eine (flache) Schüssel
un mélange	eine Mischung
un blanc d'œuf	ein Eiweiß
battre	schlagen
la neige [lanɛʒ]	der Schnee
battre les blancs en neige	die Eiweiße zu Eischnee schlagen
une glace (à la vanille/au chocolat)	ein (Vanille-/Schoko-laden) Eis

les œufs battus en neige	die zu Eischnee geschlagenen Eier
un four	ein (Back)Ofen
faire cuire à four très chaud	bei starker Hitze im Backofen backen
un titre	ein Titel

Révision 1

1	**Duchêne** [dyʃɛn]	*Familienname*
	rue de Grenelle	*Straße in Paris*
	une réparation	eine Reparatur
	Lagrange [lagrɑ̃ʒ]	*Familienname*
	le bruit [ləbrɥi]	der Lärm/das Geräusch
	personne!	*kurz für* «Il n'y a personne.» Da ist niemand.
	une mauvaise surprise	eine böse Überraschung
	faire le portrait de qn	jdn. beschreiben
2	**Toto** [tɔto]	*Spitzname für einen Jungen*
	Pierrot [pjɛro]	*Kosename für «Pierre»*
4	**la rue Beauregard**	*Straßen in Paris*
	la rue de Cléry	*Straßen in Paris*
	Pascal	*frz. Philosoph (1623–1662)*

Leçon 4

A A la poste

Michèle	*weibl. Vorname*
être à la poste	auf der Post/ dem Postamt sein
envoyer qc à qn [ɑ̃vwaje] j'envoie [ʒɑ̃vwa], tu envoies, il envoie, nous envoyons [nuzɑ̃vwajɔ̃], vous envoyez, ils envoient [ilzɑ̃vwa]; il a envoyé	jdm. etw. schicken
un timbre (à 2 F) [ɛ̃tɛ̃br]	eine Briefmarke (zu 2 Francs)
un timbre de collection	eine Sondermarke
une boîte [ynbwat]	eine Dose/Schachtel/ ein Kasten
une boîte aux lettres	ein Briefkasten
mettre une lettre à la boîte	einen Brief *(in den Briefkasten)* einwerfen
un guichet [ɛ̃giʃɛ]	ein Schalter
– Tu vas **au guichet des timbres?**	– Gehst du zum Briefmarkenschalter?
– Oui, j'**y** vais. [...ʒivɛ]	– Ja, ich gehe dahin/ dorthin.
– Tu viens **du guichet des paquets?**	– Kommst du vom Paketschalter?
– Oui, j'**en** viens.	– Ja, ich komme daher/von dort.
une série	eine Serie/Abfolge
un château, des château**x**	ein Schloß, Schlösser
un employé [ɛ̃nɑ̃plwaje], **une employée**	ein Angestellter, eine Angestellte
C'est à moi.	*hier:* Ich bin an der Reihe.
en recommandé	per Einschreiben
envoyer un paquet en recommandé	als Wertpaket schicken
Elle prend un formulaire.	Sie nimmt ein Formular.
Elle y écrit l'adresse.	Sie schreibt die Adresse darauf.
devoir [dəvwar] je dois [ʒədwa], tu dois, il doit, nous devons, vous devez, ils doivent [ildwav]; il a dû [ilady]	müssen/sollen
devoir qc à qn	jdm. etw. schulden

Je vous dois combien?	Wieviel schulde ich Ihnen?

Exercices

1 **le Bottin** [ləbɔtɛ̃]	das Telefonbuch *(volkstümliche Bezeichnung nach dem Verleger Didot-Bottin; offizielle Bezeichnung für „ein Telefonbuch“: un annuaire téléphonique)*
un télégramme	ein Telegramm
3 **Je dois acheter des timbres.**	Ich muß Briefmarken kaufen.

B Attention au départ!

l'attention *(f)* [latɑ̃sjɔ̃]	die Aufmerksamkeit/ die Vorsicht
le départ	die Abfahrt/ der Aufbruch
Attention au départ!	Vorsicht bei der Abfahrt!
Pascal [paskal]	*männl. Vorname*
Laurence [lorɑ̃s]	*weibl. Vorname*
Aubert [obɛr]	*Familienname*
l'horaire *(m)* **des trains**	der Zugfahrplan
le hall [ləol]	die Halle; *hier:* die Bahnhofshalle
un express [ɛ̃nɛksprɛs]	ein Schnellzug
une voie	ein Gleis/eine Fahrbahn
L'express part à la voie numéro 12.	Der Eilzug fährt von Gleis 12 ab.
Françoise part **avec Pascal et Laurence.**	Françoise fährt mit Pascal und Laurence.
Elle part **avec eux.** [...avɛkø]	Sie fährt mit ihnen.
quand même	trotzdem
un billet [ɛ̃bijɛ]	eine Fahrkarte
prendre les billets	die Fahrkarten kaufen
Un aller-retour pour Reims, s'il vous plaît. [ɛ̃naler(ə)tur ...]	Eine Hin- und Rückfahrkarte nach Reims, bitte.
inquiet, inquiète [ɛ̃kjɛ, ɛ̃kjɛt]	unruhig/beunruhigt/ ängstlich
Qu'est-ce qu'elle peut bien faire?	Was macht sie denn bloß?
un bus [ɛ̃bys]	ein (Linien)Bus
manquer le bus	den Bus verpassen
Elle a dû manquer son bus.	Sie hat wohl den Bus verpaßt.
arriver à la dernière minute	in letzter Minute ankommen
au fait [ofɛt]	übrigens
une poche	eine Tasche
– J'ai pris **la recette** et je **l'**ai mise dans ma poche.	– Ich habe das Rezept genommen, und ich habe es in meine Tasche gesteckt.
– Et **les photos?**	– Und die Fotos?
– Je **les** ai mis**es** dans le sac.	– Ich habe sie in die Reisetasche gesteckt.
un grand-père	ein Großvater
un cigare	eine Zigarre
– Tu as trouvé **les cigares?**	– Hast du die Zigarren gefunden?
– Non, je ne **les** ai pas trouvé**s.**	– Nein, ich habe sie nicht gefunden.
un bureau, des bureau**x**	ein Büro, Büros
un bureau de tabac [ɛ̃byrod(ə)taba]	*ein Laden, in dem man Tabakwaren, Zeitungen und Briefmarken kaufen kann*
une marque	eine Marke/Sorte
promettre à qn de faire qc	jdm. versprechen, etw. zu tun
Elle m'a promis d'y penser.	Sie hat mir versprochen, daran zu denken.
le haut-parleur [ləoparlœr]	der Lautsprecher
un voyageur [ɛ̃vwajaʒœr], **une voyageuse** [ynvwajaʒøz]	ein Reisender, eine Reisende

Bar-le-Duc [barlədyk], **Nancy** [nɑ̃si], **Strasbourg** [strazbur]	*Städte in Frankreich*
En voiture, s'il vous plaît!	Bitte einsteigen!
rapide	schnell
un rapide	ein Fernschnellzug
monter dans le train	in den Zug einsteigen
Elle est montée dans le train de Strasbourg.	Sie ist in den Zug nach Straßburg eingestiegen.
un wagon [ɛ̃vagɔ̃]	ein Wagon/Eisenbahnwagen
un compartiment	ein Abteil
libre	frei/nicht besetzt
descendre (de)	aussteigen (aus)/herabsteigen (von)
Elle est descendue du train.	Sie ist aus dem Zug ausgestiegen.
un arrêt [ɛ̃narɛ]	ein Halt/eine Haltestelle
Elle va descendre au premier arrêt.	Sie wird beim ersten Halt aussteigen.
supposer qc	annehmen/vermuten
le retard	die Verspätung
arriver en retard	zu spät kommen
Elle a dû faire trois bureaux de tabac.	Sie hat bei drei «bureaux de tabac» fragen müssen.
Il lui a fallu prendre un billet.	Sie hat eine Fahrkarte kaufen müssen.
Châlons-sur-Marne [ʃalɔ̃syrmarn]	*Stadt in Frankreich*

Exercices

3	**une pension**	eine Pension
	«France-Soir»	*frz. Zeitung*
4	**une liste**	eine Liste
6	**la gare du Nord** [lagardynɔr]	der Nordbahnhof *(in Paris)*
	un renseignement [ɛ̃rɑ̃sɛɲ(ə)mɑ̃]	eine Auskunft
	un train direct [... dirɛkt]	ein durchgehender Zug
	changer de train (à)	umsteigen (in)
	Cologne, Munster [kɔlɔɲ], [mɛ̃stɛr]	Köln, Münster
	l'Inter-City *(m)* [lɛ̃tɛrsiti]	der Inter-City
	Le train **est** passé par Bruxelles.	Der Zug ist über Brüssel gefahren.

Révision

● *aller...*

aller à pied	zu Fuß gehen
aller en métro	mit der Metro fahren
aller en bus	mit dem Bus fahren
aller en voiture	mit dem Auto fahren
aller en camionnette	mit dem Lieferwagen fahren
aller en bateau	mit dem Schiff fahren
aller en avion	fliegen
aller en train/par le train	mit dem Zug fahren
monter/descendre par l'ascenseur	mit dem Aufzug hinauf-/hinunterfahren

● *arriver en retard*

Pierre arrive toujours en retard.	Pierre kommt immer zu spät.
Il est en retard.	Er ist zu spät (dran).
Le matin, il manque toujours son bus.	Morgens verpaßt er immer seinen Bus.
Mais aujourd'hui, le bus a 5 minutes de retard.	Aber heute hat der Bus 5 Minuten Verspätung.

Françoise arrive toujours à la dernière minute.	Françoise kommt immer in letzter Minute.
Le matin, elle n'a pas le temps de prendre son petit déjeuner.	Morgens hat sie keine Zeit zu frühstücken.
Barbara regarde l'heure.	Barbara schaut auf die Uhr.
Elle fait très vite.	Sie macht sehr schnell.
Elle veut arriver/être à l'heure.	Sie will pünktlich ankommen/sein.
A 7 heures 10, elle arrive à la gare.	Um zehn nach sieben kommt sie am Bahnhof an.
Trop tard! Le train est déjà parti.	Zu spät! Der Zug ist schon abgefahren.

Leçon 4: Perfectionnement

A la banque

une banque	eine Bank/ein Geldinstitut
encaisser	*hier:* einlösen
un eurochèque [ɛ̃nørɔʃɛk]	ein Euroscheck
une carte	eine Karte
une carte Eurochèque	eine Euroscheckkarte
une somme [ynsɔm]	eine Summe
une pièce d'identité	ein Ausweis
signer [siɲe]	unterschreiben
le caissier [ləkesje], **la caissière** [lakesjɛr]	der Kassierer, die Kassiererin
la monnaie	das Kleingeld
Vous me donnez de la monnaie.	Geben Sie mir (bitte) Kleingeld!
une pièce de 1 F	ein Einfrancstück

Compréhension orale – A la gare de Lyon

la gare de Lyon	*Bahnhof in Paris*
le train en provenance de ...	der Zug aus Richtung ...
le train à destination de ...	der Zug in Richtung ...
Vallorbe [valɔrb]	*Stadt in der frz. Schweiz*
Muller [mylɛr]	*Familienname*
se présenter	*hier:* sich melden
être invité à se présenter	gebeten werden, sich zu melden
Montpellier [mõpəlje]	*Städte in Frankreich*
Avignon [aviɲõ]	*Städte in Frankreich*
fermer	schließen
une portière	eine (Wagen)Tür
Christian [kristjɑ̃]	*männl. Vorname*
un correspondant, une correspondante	ein Brieffreund, eine Brieffreundin
Annette [anɛt]	*weibl. Vornamen*
Sandrine [sɑ̃drin]	*weibl. Vornamen*

Leçon 5

A La SNCF propose ...

la SNCF [laɛsɛnseɛf]	*Abkürzung für «la Société nationale des chemins de fer français» (frz. Eisenbahngesellschaft)*
la neige [lanɛʒ]	der Schnee
les vacances de neige	die Wintersportferien
un séjour	ein Aufenthalt
Merlette	*frz. Wintersportort (110 km von Grenoble entfernt)*

qui	der, die, das *(Relativpronomen-Subjekt)*
se trouver je me trouve, tu te trouves, il se trouve, nous nous trouvons, vous vous trouvez, ils se trouvent	sich befinden
C'est un centre de vacances **qui** se trouve près de Merlette.	Es ist ein Ferienzentrum, das sich in der Nähe von Merlette befindet.
les Alpes *(f)*	die Alpen
une ferme	ein Bauernhof
que	den, die, das *(Relativpronomen-Objekt)*
remettre qc en état	etw. renovieren
C'est une ferme **que** la SNCF a remis**e** en état.	Es ist ein Bauernhof, den die «SNCF» renoviert hat.
un ski	ein Ski
une piste	eine Piste
le ski de piste	der alpine Skilauf
le ski de fond	der Skilanglauf
faire du ski de piste/ du ski de fond	alpinen Skilauf/ Langlauf betreiben
savoir faire qc	etw. können
savoir faire du ski	Skifahren können *(wissen, wie es geht)*
pouvoir faire qc	etw. können
pouvoir faire du ski	Skifahren können *(die Möglichkeit dazu haben)*
une station (de ski)	ein Wintersportort
à 7 km (de) ...	7 km (von) ...
un car	ein Bus
se rendre (en car) à [sərɑ̃dr ...]	sich (mit dem Bus) begeben nach
... la station, **où on peut se rendre en car**	... der Wintersportort, zu dem man sich mit dem Bus begeben kann
une descente	eine Abfahrt
une piste de descente	eine Abfahrtspiste
une piste de fond	eine Langlaufloipe
la date	das Datum
le 1er décembre	der/am 1. Dezember
le 2 décembre	der/am 2. Dezember
février [fevrije]	Februar
s'inscrire à qc [sɛ̃skrir]	sich einschreiben/sich für etw. anmelden
Elle s'inscrit à un cours de ski.	Sie meldet sich für einen Skikurs an.
inscrire qn	jdn. einschreiben/ anmelden
aider qn à faire qc [ede ...]	jdm. helfen, etw. zu tun
Ce sont les jeunes **qui** aident à préparer les repas. [... ɛd ...]	Die Jugendlichen *(betont)* helfen, die Mahlzeiten zuzubereiten.
Je peux vous aider?	Kann ich euch/Ihnen helfen?

Exercices

2 **un moniteur**	ein Betreuer; *hier:* ein Skilehrer
les Pyrénées *(f)* [lepirene]	die Pyrenäen
Chamonix [ʃamɔni(ks)]	*Stadt in den frz. Alpen*
3 **janvier** [ʒɑ̃vje]	Januar
mars [mars]	März
avril	April
août [u(t)]	August
septembre [sɛptɑ̃br]	September
novembre	November
Claire, Catherine	*weibl. Vornamen*

B A la ferme

la montagne	der Berg/das Gebirge
partir à la montagne	ins Gebirge fahren
plaire	gefallen
La ferme lui a **plu.** [... ply]	Der Bauernhof hat ihr gefallen.
le lendemain [ləlɑ̃dmɛ̃]	der nächste/ am nächsten Tag
le lendemain matin	am nächsten Morgen
facile [fasil]	leicht/einfach
ne ... pas ... du tout	gar nicht/überhaupt nicht
Ce **n'**est **pas** facile **du tout.**	Das ist gar nicht (so) einfach.
sans arrêt [sɑ̃zarɛ]	unaufhörlich/dauernd

s'arrêter	anhalten/stehenbleiben
se retrouver (par terre)	sich (auf dem Boden) wiederfinden
apprendre à faire qc	lernen, etw. zu tun
Personne ne …	Niemand … *(Subjekt)*
Personne n'apprend à faire du ski sans tomber.	Niemand lernt Skifahren, ohne zu fallen.
se mettre	sich setzen/sich legen/sich stellen
Allez!	Los!/Auf geht's! Komm!/Kommt!
Mettez-vous (**derrière moi**).	Stellt euch (hinter mich)!
un type [ɛ̃tip]	ein Typ *(umgangssprachlich)*
sympa	*umgangssprachlich für «sympathique»*
un grand brun aux yeux noirs [… ozjønwar]	ein großer Dunkelhaariger mit schwarzen Augen
sportif, sportive [spɔrtif, spɔrtiv]	sportlich
Et sportif avec ça!	Und dazu noch sportlich!
drôle [drol]	lustig/drollig
une histoire [ynistwar]	eine Geschichte
… et les histoires **qu**'il nous a racont**ées**!	… und was für Geschichten er uns erzählt hat!
s'ennuyer [sɑ̃nɥije] je m'ennuie, tu t'ennuies, il s'ennuie [ilsɑ̃nɥi], nous nous ennuyons [nunuzɑ̃nɥijõ], vous vous ennuyez, ils s'ennuient [ilsɑ̃nɥi]	sich langweilen
Je ne m'ennuie pas.	Ich langweile mich nicht.
fatigué, fatiguée	müde
Bonne nuit!	Gute Nacht!
là-bas	dahinten
un arbre	ein Baum
On va passer là-bas.	Wir werden dahinten herfahren.
fou, folle [fu, fɔl]	verrückt
Tu es fou!	Du spinnst!
dangereux, dangereuse [dɑ̃ʒrø, dɑ̃ʒrøz]	gefährlich
une jambe [ynʒɑ̃b]	ein Bein
casser qc	etw. zerbrechen
se casser qc	sich etw. brechen
Je n'ai pas envie de **me casser la jambe.**	Ich habe keine Lust, mir ein Bein zu brechen.
se perdre	sich verlaufen/verfahren
le milieu [ləmiljø]	die Mitte
Mets-toi au milieu! [mɛtwaomiljø]	Geh in die Mitte!
Allons-y! [alõzi]	Los!/Auf geht's!
profond, profonde [prɔfõ, prɔfõd]	tief
Que c'est beau!	Wie schön das ist!
le brouillard [ləbrujar]	der Nebel
neiger [nɛʒe]	schneien
ne … rien	nichts *(Objekt)*
ne … plus rien	nichts mehr
Ils **ne** voient **plus rien.**	Sie sehen nichts mehr.
la direction [ladirɛksjõ]	*hier:* die Richtung
Oh là là!	*hier:* Oh weh!
faire demi-tour	umkehren/kehrtmachen
le vent	der Wind
effacer [efase]	auswischen; *hier:* Spuren verwischen
errer [ɛre]	umherirren
ne … personne	niemand *(Objekt)*
Ils **n'**ont rencontré **personne.**	Sie haben niemanden getroffen.
enfin	schließlich/endlich
ramener [ramne] je ramène [ʒərамɛn], nous ramenons [nuramnõ], ils ramènent [ilramɛn]; il a ramené [ilaramne]	zurückbringen/nach Hause bringen
ne … plus jamais	nie mehr
Elles **ne** sont **plus jamais** parties avec Gérard.	Sie sind nie mehr mit Gérard losgegangen.

oser faire qc	wagen, etw. zu tun
Il faut dire qu'il n'a plus osé les inviter.	Man muß (dazu) sagen, daß er nicht mehr gewagt hat, sie einzuladen.

Exercices

1	**une Citroën** [ynsitrɔɛn]	ein Citroën
2	**Rien ne …**	Nichts … *(Subjekt)*
	Rien ne va plus.	Nichts geht/klappt mehr.

Révision

● *Demander à quelqu'un de nous aider*

– **Tu peux m'aider?**	– Kannst du mir helfen?
– **D'accord.**	– Einverstanden.
– **Pourriez-vous m'aider?**	– Könnten Sie mir helfen?
– **Mais bien sûr.**	– Aber sicher!
– **Est-ce que vous pouvez me rendre un service?**	– Können Sie mir einen Dienst erweisen?
– **Oui, je veux bien.**	– Ja, gerne.
– **Est-ce que je peux vous demander un service?**	– Darf ich Sie um eine Gefälligkeit bitten?
– **Oui. Qu'est-ce qu'il y a?**	– Ja. Was gibt es denn?

● *Proposer à quelqu'un de l'aider*

– **Je peux t'aider?**	– Kann ich dir helfen?
– **Ah oui, je veux bien!/Oui, merci.**	– Oh ja, gerne!/ Ja, danke.
– **Je peux faire qc pour toi?**	– Kann ich etw. für dich tun?
– **Merci. C'est** (**vraiment**) **sympa.**	– Danke. Das ist (wirklich) nett.
– **Est-ce que je peux vous rendre un service?**	– Kann ich Ihnen eine Gefälligkeit erweisen?
– **Non, merci. Ça va.**	– Nein, danke. Es geht schon.

Leçon 5: Perfectionnement

Le calendrier

un calendrier [ɛ̃kalɑ̃drije]	ein Kalender
un mois [ɛ̃mwa]	ein Monat
une année	ein Jahr *(in seinem Verlauf gesehen)*
le Nouvel An [lənuvɛlɑ̃]	Neujahr
Pâques *(m/Sg)* [pak]	Ostern
la Pentecôte [lapɑ̃tkot]	Pfingsten
la Fête Nationale [lafɛtnasjɔnal]	der *(frz.)* Nationalfeiertag *(erinnert an die frz. Revolution; Sturm auf die Bastille am 14. Juli 1789)*
la Toussaint [latusɛ̃]	Allerheiligen
Noël *(m)* [nɔɛl]	Weihnachten
la Saint-Sylvestre [lasɛ̃silvɛstr]	Silvester
le printemps [ləprɛ̃tɑ̃]	der Frühling/ das Frühjahr

au printemps	im Frühling/im Frühjahr
l'été *(m)*	der Sommer
en été	im Sommer
l'automne *(m)* [lotɔn]	der Herbst
en automne	im Herbst
l'hiver *(m)* [livɛr]	der Winter
en hiver	im Winter
se terminer	enden/aufhören
durer	(an)dauern

Compréhension orale – Au poste de secours de Merlette

un poste	eine Station
le secours [ləs(ə)kur]	die Hilfe/Unterstützung
un poste de secours	eine Rettungsstelle
le danger	die Gefahr
les jumelles *(f)* [leʒymɛl]	das Fernglas
bouger [buʒe]	sich bewegen
un hélicoptère [ɛ̃nelikɔptɛr]	ein Hubschrauber
un pilote [ɛ̃pilɔt]	ein Pilot
un docteur [ɛ̃dɔktœr]	ein Doktor/Arzt
Lagrange [lagrɑ̃ʒ]	*Familienname*
le Paravar [ləparavar]	*Berg bei Merlette (2214 m)*
transporter qn	jdn. transportieren
un hôpital [ɛ̃nɔpital]	ein Krankenhaus
Gap [gap]	*Stadt in den frz. Alpen*
Ribaud [ribo]	*Familienname*

Leçon 6

A Je roule pour vous.

Je roule **pour vous.**	Ich fahre für Sie/euch.
Montélimar	*Stadt in Frankreich*
une (route) nationale [...nasjɔnal]	eine Bundesstraße
la Nationale 7	die Bundesstraße 7
un routier	ein Fern(last)fahrer
un «Routier»	*Abkürzung für «un restaurant de routiers»*
Belfont [bɛlfõ]	*Familienname*
un chauffeur [ɛ̃ʃofœr]	ein Chauffeur/Fahrer
un camion	ein Lastwagen
un chauffeur de camion	ein Lastwagenfahrer
la vie	das Leben
C'est une drôle de vie.	Das ist ein seltsames/komisches Leben.
choisir	wählen/aussuchen
je choisis [ʒəʃwazi], tu choisis, il choisit, nous choisissons [nuʃwazisõ], vous choisissez, ils choisissent [ilʃwazis]; il a choisi	
C'est **moi** qui ai choisi ce métier.	Ich *(betont)* habe mir diesen Beruf ausgesucht.
Faut dire que ...	*umgangssprachlich für* «Il faut dire que ...»
un pays [ɛ̃pei]	ein Land
l'Europe *(f)* [lørɔp]	Europa
Je fais tous les pays d'Europe.	Ich fahre durch alle Länder Europas.
la Belgique [labɛlʒik]	Belgien
les Pays-Bas *(m)*	die Niederlande
le Danemark [lədanmark]	Dänemark
l'Espagne *(f)*	Spanien
le Portugal [ləpɔrtygal]	Portugal

Là, on **vient** **du** Portugal, **d'**Espagne, **de** Belgique et **des** Pays-Bas.	Jetzt kommen wir aus (von) Portugal, Spanien, Belgien und den Niederlanden.
On ramène des oranges.	Wir bringen Orangen mit.
Le Havre	*Stadt in Frankreich*
On va **au** Havre. [... oavr]	Wir fahren nach Le Havre.
une machine	eine Maschine
anglais, anglaise	englisch
On va **au** Portugal.	Wir fahren nach Portugal.
On va **en** Belgique.	Wir fahren nach Belgien.
On va **aux** Pays-Bas.	Wir fahren nach den Niederlanden.
l'Italie *(f)* [litali]	Italien
livrer (en Italie)	(nach Italien) liefern
Florence [flɔrɑ̃s]	Florenz
charger	(be)laden
se coucher	sich hinlegen/sich schlafen legen
Je vais me coucher.	Ich lege mich schlafen.
C'est **lui** qui **va** prendre le volant.	Er *(betont)* wird das Steuer übernehmen.
Pierrot [pjɛro]	*Kosename für «Pierre»*

Exercices

3 **plusieurs** [plyzjœr] mehrere

Révision

● *Noms de pays et nationalités*	Ländernamen und Nationalitätsbezeichnungen		
l'Europe *(f)*	Europa	européen, européenne [ørɔpeɛ̃, ørɔpeɛn]	europäisch
l'Allemagne *(f)*	Deutschland	allemand, allemande	deutsch
l'Allemagne de l'Ouest			
l'Allemagne fédérale (la R.F.A. = la République fédérale d'Allemagne)	die Bundesrepublik Deutschland		
l'Allemagne de l'Est (la R.D.A. = la République démocratique allemande)	die Deutsche Demokratische Republik		
l'Angleterre *(f)* la Grande-Bretagne	England Großbritannien	anglais, anglaise	englisch
l'Autriche *(f)* [lotriʃ]	Österreich	autrichien, autrichienne	österreichisch
la Belgique	Belgien	belge, belge	belgisch
le Danemark	Dänemark	danois, danoise	dänisch
l'Espagne *(f)*	Spanien	espagnol, espagnole	spanisch
la France	Frankreich	français, française	französisch
la Hollande [laɔlɑ̃d] les Pays-Bas *(m)*	Holland die Niederlande	hollandais, hollandaise	holländisch
l'Italie *(f)*	Italien	italien, italienne	italienisch
le Luxembourg [ləlyksɑ̃bur]	Luxemburg	luxembourgeois, luxembourgeoise	luxemburgisch
le Portugal	Portugal	portugais, portugaise	portugiesisch

la Suisse	die Schweiz	suisse, suisse	schweizerisch
l'Amérique *(f)*	Amerika	américain, américaine	amerikanisch
les Etats-Unis *(m)* [lezetazyni]	die Vereinigten Staaten		
les U.S.A. *(m)* [lezyɛsa]	die U.S.A.		

● *Attention!*

Il est **F**rançais.	Er ist Franzose.
Elle est **F**rançaise.	Sie ist Französin.
Ils parlent **f**rançais.	Sie sprechen französisch.

● *Quelques villes*

Munich [mynik] et Cologne [kɔlɔɲ] sont en Allemagne/en R.F.A.	München und Köln sind in Deutschland/ in der Bundesrepublik Deutschland.
Magdebourg [magdebur] est en Allemagne de l'Est/en R.D.A.	Magdeburg ist in der Deutschen Demokratischen Republik.
Londres [lõdr] est en Angleterre/en Grande-Bretagne.	London ist in England/in Großbritannien.
Vienne [vjɛn] est en Autriche.	Wien ist in Österreich.
Liège [liɛʒ] est en Belgique.	Lüttich ist in Belgien.
Copenhague [kɔpɛnag] est au Danemark.	Kopenhagen ist in Dänemark.
Barcelone [barsəlɔn] est en Espagne.	Barcelona ist in Spanien.
Le Mans [ləmɑ̃] est en France.	Le Mans ist in Frankreich.
Amsterdam [amstɛrdam] et Rotterdam sont en Hollande/aux Pays-Bas.	Amsterdam und Rotterdam sind in Holland/ in den Niederlanden.
Florence [flɔrɑ̃s] est en Italie.	Florenz ist in Italien.
Luxembourg [lyksɑ̃bur] est au Luxembourg.	Luxemburg ist in Luxemburg.
Porto [pɔrto] est au Portugal.	Porto ist in Portugal.
Bâle [bal] et Neuchâtel [nøʃatɛl] sont en Suisse.	Basel und Neuenburg sind in der Schweiz.
New York [nujɔrk] est en Amérique/aux Etats-Unis/aux U.S.A.	New York ist in Amerika/in den Vereinigten Staaten/in den U.S.A.

B Rien à déclarer?

déclarer qc	*hier:* etw. verzollen
Je n'ai rien à déclarer.	Ich habe nichts zu verzollen.
Bonne route!	Gute Fahrt!
Cathala [katala]	*Familienname*
laisser	lassen
l'Andorre *(f)* [lɑ̃dɔr]	Andorra
Il a laissé derrière lui la frontière entre l'Andorre et la France.	Er hat die Grenze zwischen Andorra und Frankreich hinter sich gelassen.
vers [vɛr]	nach/in Richtung auf
La route descend vers Toulouse.	Die Straße führt nach Toulouse hinunter.
La nuit tombe.	Die Nacht bricht herein.
le temps [lətɑ̃]	das Wetter
mauvais, mauvaise	schlecht
Il fait mauvais (temps).	Es ist schlechtes Wetter.
un village [ɛ̃vilaʒ]	ein Dorf
l'auto-stop *(m)* [lotostɔp]	der Autostopp
faire de l'auto-stop	Autostopp machen/ per Anhalter reisen

ralentir je ralentis, tu ralentis, il ralentit, nous ralentissons, vous ralentissez, ils ralentissent	verlangsamen/langsamer fahren
Il a ralenti.	Er ist langsamer gefahren.
Foix [fwa]	*Stadt in Frankreich*
C'est sur votre route?	Liegt das auf Ihrer Strecke?
un virage	eine Kurve
volant, volante	fliegend
la douane volante	*Zollbeamte, die auch nach der Grenze Kontrollen durchführen*
un signe [ɛ̃siɲ]	ein Zeichen
faire signe à qn (de faire qc)	jdm. Zeichen geben (etw. zu tun)
Ils lui font signe de continuer.	Sie geben ihm Zeichen weiterzufahren.
la chance [laʃɑ̃s]	das Glück
J'ai eu de la chance.	Ich habe Glück gehabt.
Avec eux, on ne sait jamais. [avɛkø …]	Bei ihnen kann man nie wissen.
pas mal de choses	ziemlich viele Sachen
en Andorre	in Andorra
un produit de beauté [ɛ̃prɔdɥid(ə)bote]	ein Kosmetikum
un parfum [ɛ̃parfɛ̃]	ein Parfüm
– Qu'est-ce que vous avez pris **pour vos filles?**	– Was haben Sie für Ihre Töchter gekauft?
– **Pour elles,** j'ai pris du parfum.	– Für sie habe ich Parfüm gekauft.
une cigarette [ynsigarɛt]	eine Zigarette
fumer	rauchen
Il faut voir ça!	*hier:* Das muß man sich mal angucken!
par jour	am/pro Tag
Moi, je ne fume pas, mais **elle, elle** fume deux paquets par jour!	Ich *(betont)* rauche nicht, aber sie *(betont)* raucht zwei Päckchen am Tag!
Vous n'avez rien acheté **pour vous?**	Haben Sie nichts für sich gekauft?
quelques [kɛlk(ə)]	einige
tout cela	all das
Ax-les-Thermes	*Stadt in Frankreich*
une station-service [ynstasjõsɛrvis]	eine Tankstelle
plein, pleine [plɛ̃, plɛn]	voll
faire le plein	volltanken
Ils reprennent leur route.	Sie fahren weiter.
un inspecteur des douanes	ein Zollinspektor
surpris, surprise [syrpri, syrpriz]	überrascht
pas grand-chose	nicht viel
la colère [lakɔlɛr]	der Zorn/die Wut
être en colère	zornig/wütend sein
à un moment	*hier:* auf einmal
doubler	überholen
(se) calmer	(sich) beruhigen
Calmez-vous!	Beruhigen Sie sich!
finir	aufhören/beenden
Il a fini.	Er hat aufgehört.
une affaire	eine Angelegenheit/Sache
Finissons cette affaire.	Beenden wir diese Angelegenheit!
On n'en parle plus.	Wir sprechen nicht mehr darüber.
ou bien …	oder (aber) …
réfléchir	nachdenken
Il a réfléchi.	Er hat nachgedacht.
Réfléchissez.	Denken Sie (mal) darüber nach.
longtemps [lõtɑ̃]	lange/lange Zeit
la radio	das Radio
mettre la radio	das Radio einschalten
Ici, Radio-Toulouse.	Hier Radio Toulouse.
Le programme est fini.	Das Programm ist beendet.
espagnol, espagnole	spanisch
se faire passer pour	sich ausgeben als
un automobiliste [ɛ̃notomɔbilist]	ein Autofahrer

Exercices

3	**Brassens** [brasɛ̃s]	*frz. Liedermacher (1921–1981)*

4	**Quel temps fait-il?**	Wie ist das Wetter?
	Rouen [ruɑ̃]	*Städte in Frankreich*
	Toulon	
	Grenoble	
	Brest [brɛst]	
5	**Philippe**	*männl. Vorname*
6	**Il est à toi, ce pull?**	Gehört dieser Pulli dir?
7	**l'argent** *(m)* **de poche** [larʒɑ̃d(ə)pɔʃ]	das Taschengeld

Révision

● *Le temps* — das Wetter

Quel temps fait-il?/ Il fait quel temps?	Wie ist das Wetter?
le beau temps	das schöne Wetter
Il fait beau (temps).	Es ist schönes Wetter.
Il fait chaud.	Es ist warm.
le soleil	die Sonne
Le soleil brille. [ləsɔlɛjbrij]	Die Sonne scheint.
le mauvais temps	das schlechte Wetter
Il fait mauvais (temps).	Es ist schlechtes Wetter.
la pluie	der Regen
pleuvoir [pløvwar]	regnen
Il pleut. [ilplø]	Es regnet.
Il a plu.	Es hat geregnet.
le vent	der Wind
Il fait du vent.	Es ist windig.
le brouillard	der Nebel
Il y a du brouillard.	Es ist neblig.
le froid	die Kälte
Il fait froid.	Es ist kalt.
la neige	der Schnee
neiger	schneien
Il neige.	Es schneit.

● *La température* — die Temperatur

Quelle température fait-il?/Il fait quelle température?	Wie ist die Temperatur?
le degré	der Grad
Il fait zéro (degré).	Es ist null Grad.
Il fait moins deux.	Es ist minus 2 Grad/ 2 Grad unter Null.
Il fait plus trois. [... plys ...]	Es ist plus 3 Grad/ 3 Grad über Null.

Leçon 6: Perfectionnement

Compréhension orale – Ecoutons la radio

La circulation

la circulation [lasirkylasjõ]	der Verkehr
un Parisien [ɛ̃parizjɛ̃] **une Parisienne**	ein Pariser, eine Pariserin
une région	eine Gegend
dans la région parisienne	im Raum Paris
difficile [difisil]	schwierig/schwer
un accident [ɛ̃naksidɑ̃]	ein Unfall
un bouchon [ɛ̃buʃõ]	*hier:* ein Verkehrsstau
Mantes-la-Jolie	*Stadt bei Paris*

un ralentissement [ɛ̃ralɑ̃tismɑ̃]	*hier:* ein zähflüssiger Verkehr
Rocquencourt [rɔkɑ̃kur]	*Stadt bei Paris*
St-Cloud [sɛ̃klu]	*Vorort von Paris*
un tunnel [ɛ̃tynɛl]	ein Tunnel
s'adresser à qn	sich an jdn. wenden

La météo du 4 décembre

la météo	der Wetterbericht
l'Est *(m)* [lɛst]	der Osten *(Frankreichs)*
surtout	vor allem/besonders
bloquer	blockieren/sperren
Ste-Marie-aux-Mines [sɛ̃tmariomin]	*Städte im Elsaß*
Mulhouse [myluz]	*Städte im Elsaß*
Ensisheim [ɑ̃zisajm]	*Städte im Elsaß*
Colmar [kɔlmar]	*Städte im Elsaß*

Message personnel

un message [ɛ̃mesaʒ]	eine Nachricht/eine Botschaft
personnel, personnelle [pɛrsɔnɛl]	persönlich
un message personnel	eine persönliche Mitteilung: *hier:* ein Reiseruf
la voiture immatriculée ...	das Auto mit dem polizeilichen Kennzeichen ...
un numéro d'immatriculation [ɛ̃nymerodimatrikylasjõ]	ein polizeiliches Kennzeichen
Perpignan [pɛrpiɲɑ̃]	*Stadt in Frankreich*
être prié de faire qc	gebeten werden, etw. zu tun

Révision 2

2 **un personnage** — eine Person

Leçon 7

A Un déjeuner en famille

un déjeuner (en famille)	ein Mittagessen (zu Hause, im Kreis der Familie)
une serviette	eine Serviette
une assiette	ein Teller
une fourchette	eine Gabel
un couteau, des couteau**x**	ein Messer, Messer
une carafe (d'eau)	eine Karaffe (mit Wasser)
le pain [ləpɛ̃]	das Brot
Pradel	*Familienname*
le pâté	die Pastete
un plat [ɛ̃pla]	eine (flache) Schüssel/eine Platte/ein Gericht
un plat de pâté	eine Platte mit Pastete
enlever [ɑ̃lve] j'enlève [ʒɑ̃lɛv], nous enlevons [nuzɑ̃lvõ], ils enlèvent [ilzɑ̃lɛv]; il a enlevé [ilaɑ̃lve]	wegnehmen

un rôti	ein Braten
sentir je sens [ʒəsɑ̃], nous sentons, ils sentent; il a senti	riechen/fühlen
sentir bon	gut riechen
Serge [sɛrʒ]	*männl. Vorname*
passer qc à qn	jdm. etw. reichen
Passe-moi ton verre.	Gib/Reich mir dein Glas!
– Tu veux du vin? **– Oui, mais tu n'en mets pas trop!**	– Möchtest du Wein? – Ja, aber gieß nicht zu viel hinein!

Exercices

1 **mettre la table**	den Tisch decken
un couvert	ein Gedeck
3 **servir** je sers, nous servons, ils servent; il a servi	bedienen
se servir	sich bedienen
Sers-toi.	Bediene dich!/ Greif zu!

B Un dîner au restaurant

un dîner [ɛ̃dine]	ein Abendessen
dîner	zu Abend essen
aller dîner	zum Abendessen (aus)gehen
le chef [ləʃɛf]	*hier:* der Küchenchef
«Le Pot-au-feu» [ləpɔtofø]	*frz. Eintopfgericht; hier: Name eines Restaurants*
Châtellerault [ʃatɛlro]	*Stadt in Frankreich*
un menu [ɛ̃məny]	ein Menü *(Speisenfolge)*
le/les hors-d'œuvre [lə/leɔrdœvr]	die Vorspeise(n)
le choix [ləʃwa]	die (Aus)Wahl
au choix	zur (Aus)Wahl
un melon	eine Melone
glacé, glacée	eisgekühlt/gefroren
un melon glacé	eine eisgekühlte Melone
la viande [lavjɑ̃d]	das Fleisch
un bœuf [ɛ̃bœf], **des bœufs** [debø]	ein Rind, Rinder
un rôti de bœuf	ein Rinderbraten
des (pommes) frites *(f)* [depɔmfrit]	Pommes frites
une côtelette [ynkotlɛt]	ein Kotelett
un agneau [ɛ̃naɲo]	ein Lamm
une côtelette d'agneau	ein Lammkotelett
des haricots verts *(m)* [dearikovɛr]	grüne Bohnen
un lapin [ɛ̃lapɛ̃]	ein Kaninchen
une herbe [ynɛrb]	ein Kraut/Gras
frais, fraîche	frisch
aux herbes fraîches [ozɛrbəfrɛʃ]	mit frischen Kräutern
des petits pois *(m)* [deptipwa]	Erbsen
le fromage	der Käse
le plateau de fromages	die Käseplatte
un dessert [ɛ̃desɛr]	ein Dessert/Nachtisch
une tarte	*ein Obstkuchen mit dünnem Mürbeteigboden*
une tarte maison	ein Obstkuchen nach Art des Hauses
une glace	ein Eis
le service	*hier:* die Bedienung
comprendre	*hier:* einschließen
service compris	Bedienung eingeschlossen/inbegriffen
Royer [rwaje]	*Familienname*
sortir	ausgehen
presque [prɛsk]	fast
«Le Gourmet» [ləgurmɛ]	der Feinschmecker; *hier: Name eines Restaurants*
un exemple [ɛ̃nɛgzɑ̃pl]	ein Beispiel
par exemple	zum Beispiel
réserver	reservieren/vorbestellen
une carte	*hier:* eine Speisekarte

un poisson [ɛ̃pwasõ]	ein Fisch
Le menu **le plus cher** coûte 118 F.	Das teuerste Menü kostet 118 F.
Le menu à 72 F est **le moins cher.**	Das Menü zu 72 F ist das billigste.
léger, légère [leʒe, leʒɛr]	leicht *(verdaulich)*
La salade est **plus légère que** le pâté. [… plyleʒɛr …]	Salat ist leichter als Pastete.
La salade est **moins bonne que** le pâté.	Salat ist weniger gut als Pastete.
Je ne sais pas trop.	Ich weiß nicht so recht.
le (vin) rosé	der Rosé(wein)
Le rouge est **aussi bon que** le rosé.	Der Rotwein ist ebenso gut wie der Rosé.
meilleur, meilleure [mɛjœr]	besser
Ces melons sont **meilleurs que** les melons du supermarché.	Diese Melonen sind besser als die Melonen vom Supermarkt.
commander	bestellen
une coupe	eine Schale/ein Becher *hier:* ein Eisbecher
énorme	enorm/riesig
une fraise	eine Erdbeere
connaître [kɔnɛtr] je connais [ʒəkɔnɛ], il connaît, nous connaissons, ils connaissent [ilkɔnɛs]; il a connu	kennen
l'addition *(f)*	*hier:* die Rechnung
L'addition, s'il vous plaît!	Die Rechnung, bitte!
sourire [surir] je souris [ʒəsuri], nous sourions, ils sourient [ilsuri]; il a souri	lächeln
gentil, gentille [ʒɑ̃ti, ʒɑ̃tij]	freundlich/nett
C'est vraiment gentil d'avoir pensé à mon anniversaire.	Das ist wirklich nett, daß Sie an meinen Geburtstag gedacht haben!
la santé	die Gesundheit
– A votre santé! [… vɔtr …] – **A la vôtre!** [alavotr]	Auf Ihr Wohl!/Prost!

Exercices

2	**Villeneuve** [vilnœv]	*Stadt in Frankreich*
	le nombre	die (An)Zahl
	«Le Vieux Relais»	Die alte Poststation; *hier: Name eines Restaurants*
	«Le Buffet de la Gare»	Die Bahnhofsgaststätte; *hier: Name eines Restaurants*
	plus grand(e) que	größer als
	moins grand(e) que	kleiner als
	aussi grand(e) que	ebenso groß wie
	le restaurant le plus cher	das teuerste Restaurant
	le restaurant le moins cher	das billigste Restaurant
	le plus petit restaurant	das kleinste Restaurant

Révision

● *Proposer quelque chose*

Qu'est-ce qu'on fait? On va au cinéma?	Was sollen wir machen? Sollen wir ins Kino gehen?
On pourrait (peut – être) aller au cinéma.	Wir könnten (vielleicht) ins Kino gehen.
J'ai une idée. On va au cinéma. D'accord?	Ich habe eine Idee. Wir gehen ins Kino. Einverstanden?
Je propose d'aller au cinéma. Ça vous va?	Ich schlage vor, ins Kino zu gehen. Paßt euch das?

Qu'est-ce que vous en pensez?	Was haltet ihr davon?	**Ça vous dit d'aller au cinéma?/ Vous avez envie d'aller au cinéma?**	Habt ihr Lust, ins Kino zu gehen?

● *Etre d'accord*

D'accord.	Einverstanden.	**Je veux bien.**	Gern!
Ah ça, c'est une bonne idée!	Das ist aber eine gute Idee!	**Pourquoi pas?**	Warum nicht?

● *Ne pas être d'accord*

Je ne suis pas d'accord.	Ich bin nicht einverstanden.	**Je n'aime pas aller au cinéma. Je préfère/J'aime mieux écouter des disques.**	Ich gehe nicht gern ins Kino. Ich höre lieber Platten.
Ah non, alors! Moi, je ne vais pas au cinéma.	Oh nein! Ich *(betont)* gehe nicht ins Kino.	**Je ne sais pas trop.**	Ich weiß nicht so recht.
Je n'ai pas envie.	Ich habe keine Lust.	**Je veux bien aller au cinéma, mais pas au «Rex».**	Ich will gern ins Kino gehen, aber nicht ins «Rex».
Ça ne me dit rien.	Das reizt mich nicht.		

● *Proposer autre chose*

Alors, écoutons des disques. Vous voulez bien?/ D'accord?	Dann hören wir Platten. Einverstanden?	**Alors, on pourrait peut-être écouter des disques.**	Dann könnten wir vielleicht Platten hören.
Alors, je propose d'écouter des disques.	Dann schlage ich vor, Platten zu hören.	**Attendez, j'ai une autre idée. On ne pourrait pas écouter des disques?**	Wartet! Ich habe eine andere Idee. Könnten wir nicht Platten hören?

Leçon 7: Perfectionnement

«Etre au chômage, ce n'est pas être en vacances, vous savez!»

le chômage [ləʃomaʒ]	die Arbeitslosigkeit
être au chômage	arbeitslos sein
Marius [marjys]	*männl. Vorname*
Lefèvre / **Bérenger** [berɑ̃ʒe]	*Familiennamen*
un quartier ouvrier	ein Arbeiterviertel
une boucherie chevaline [ynbuʃriʃ(e)valin]	eine Pferdemetzgerei
un bifteck [ɛ̃biftɛk]	ein Beefsteak
noter [nɔte]	*hier:* anschreiben
le boucher [ləbuʃe], **la bouchère** [labuʃɛr]	der Fleischer/Metzger, die Fleischersfrau/Metzgersfrau
une offre	ein Angebot
un emploi [ɛ̃nɑ̃plwa]	*hier:* eine Beschäftigung/Arbeit/Stelle
une offre d'emploi	ein Stellenangebot
un ingénieur [ɛ̃nɛ̃ʒenjœr]	ein Ingenieur
La Ciotat [lasjɔta]	*Stadt in Südfrankreich*

malheureusement [malœrøzmɑ̃]	unglücklicherweise/ leider
demander en personne	persönlich nachfragen
un chantier naval [ɛ̃ʃɑ̃tjenaval]	eine (Schiffs)Werft
la maison	*hier:* die Firma
fermer	schließen
licencier qn [lisɑ̃sje]	jdn. entlassen
depuis [dəpɥi]	seit/seitdem
surtout [syrtu]	vor allem/besonders
la construction	der Bau
une allocation (de chômage)	eine (Arbeitslosen) Unterstützung
toucher une allocation	eine Unterstützung beziehen
vivre	leben
modestement [mɔdɛstəmɑ̃]	bescheiden *(Adv.)*
une robe [ynrɔb]	ein Kleid
Marie-Laure [marilɔr]	*weibl. Vorname*
Etienne [etjɛn]	*männl. Vorname*
une habitude [ynabityd]	eine Gewohnheit
un boulot [ɛ̃bulo]	*umgangssprachlich für* «un travail»
se passer	geschehen/sich abspielen/spielen
un auteur [ɛ̃notœr]	ein Autor

Compréhension orale – Une nuit dans la voiture

la Provence [laprɔvɑ̃s]	die Provence *(Gegend in Südfrankreich)*
Tarascon [taraskõ]	*Städte in der Provence*
Pierrelatte [pjɛrlat]	*Städte in der Provence*
Orange [ɔrɑ̃ʒ]	*Städte in der Provence*
Avignon [aviɲõ]	*Städte in der Provence*
Cavaillon [kavajõ]	*Städte in der Provence*
une usine atomique [ynyzinatɔmik]	*hier: eine Anlage zur Anreicherung von Uran*
C'est complet.	*hier:* Das Hotel ist besetzt.
un choc	ein Schock
un pré	eine Wiese
confortable	bequem
une surprise [ynsyrpriz]	eine Überraschung
un mouton [ɛ̃mutõ]	ein Schaf

Leçon 8

A Les camarades de Noëlle

un camarade, une camarade	ein Kamerad, eine Kameradin
Noëlle [nɔɛl]	*weibl. Vorname*
Jeanne d'Arc [ʒandark]	die heilige Johanna, *genannt „die Jungfrau von Orléans" (1412–1431)*
Apt [apt]	*Stadt in Frankreich*
la Provence [laprɔvɑ̃s]	die Provence *(Gegend in Südfrankreich)*
un internat [ɛ̃nɛ̃tɛvna]	ein Internat
C'est pourquoi …	Deshalb …
venir de faire qc	gerade etw. getan haben
Noëlle **vient de** rentrer à la maison.	Noëlle ist gerade nach Hause gekommen.
être en train de faire qc	(gerade) dabei sein, etw. zu tun
Elle **est en train de** boire le café.	Sie trinkt gerade Kaffee.
un dessin [ɛ̃desɛ̃]	eine Zeichnung
dessiner [desine]	zeichnen

une semaine	eine Woche
s'amuser (avec qn)	sich amüsieren/ (mit jdm.) spielen
s'amuser à faire qc	sich die Zeit vertreiben/sich damit vergnügen/sich einen Spaß daraus machen, etw. zu tun
Elle s'**est** amusé**e** à dessiner ses copines.	Sie hat sich damit vergnügt, ihre Freundinnen zu zeichnen.
un dortoir [ɛ̃dɔrtwar]	ein Schlafsaal
une marmotte	ein Murmeltier
une couverture [ynkuvɛrtyr]	eine Bettdecke
se lever [sələve] je me lève [ʒəməlɛv], nous nous levons [nunuləvõ], ils se lèvent [ilsəlɛv]; il s'est levé	aufstehen
Elle ne **s'est** pas levé**e**.	Sie ist nicht aufgestanden.
crier	schreien
se (re)couvrir je me couvre [ʒəməkuvr], nous nous couvrons, ils se couvrent [ilsəkuvr]; il s'est couvert	sich (wieder) zudecken
Elle s'**est** recouvert**e**.	Sie hat sich wieder zugedeckt.
jusque [ʒysk]	bis
Elle a continué à dormir **jusqu'au matin.**	Sie hat bis zum Morgen weitergeschlafen.
Janine [ʒanin]	*weibl. Vorname*
Elle est toujours aussi jolie.	Sie ist immer noch so hübsch.
méchant, méchante [meʃɑ̃, meʃɑ̃t]	böse/boshaft
Bernard [bɛrnar]	*männl. Vorname*
amoureux, amoureuse [amurø, amurøz]	verliebt
être amoureux de qn	in jdn. verliebt sein
eh ben ... [ebɛ̃]	*umgangssprachlich für* «eh bien ...»
se moquer de qn [səmɔke ...]	sich über jdn. lustig machen
divorcer [divɔrse]	sich scheiden lassen
Ses parents ont divorcé.	Seine Eltern haben sich scheiden lassen.
s'occuper de qn	sich um jdn. kümmern
Ils ne se **sont** jamais occupé**s** de lui.	Sie haben sich nie um ihn gekümmert.
Rioux [riju]	*Familienname*
le Lubéron [ləlyberõ]	*Gebirgszug in Südfrankreich*
un Noir, une Noire	ein Farbiger, eine Farbige
Violaine [vjɔlɛn]	*weibl. Vorname*
la Martinique [lamartinik]	Martinique *(frz. Überseedepartement; Insel im Karibischen Meer)*

Exercices

4	**une sieste** [ynsjɛst]	eine Siesta/ein Mittagsschlaf

B Les points jaunes ...

un point [ɛ̃pwɛ̃]	ein Punkt
un chemin [ɛ̃ʃ(ə)mɛ̃]	ein Weg
Castellet [kastəlɛ]	*Ort im Lubéron*
le Mourre Nègre [ləmurnɛgr]	*höchster Berg des Lubéron (1125 m)*
les broussailles *(f)* [lebrusaj]	das Gestrüpp
employer j'emploie [ʒɑ̃plwa], nous employons [nuzɑ̃plwajõ], ils emploient [ilzɑ̃plwa]; il a employé	benutzen/gebrauchen/verwenden
une machette [ynmaʃɛt]	eine Machete/ein Buschmesser
couper	schneiden/*hier:* abhauen
refaire	*hier:* neu machen/ erneuern
une balise [ynbaliz]	eine Markierung
baliser [balize]	markieren
la peinture [lapɛ̃tyr]	die Farbe *(zum Streichen)*
Donne le pot de peinture **aux filles.** Donne-**leur** le pot.	Gib den Mädchen den Topf Farbe! Gib ihnen den Topf!

Apporte **les machettes.**	Bring die Buschmesser!
Apporte-**les.**	Bring sie!
Ne **me** racontez pas d'histoires!	Erzählt mir keine Geschichten!
Mettez **des points.**	Bringt Punkte an!
Mettez-**en** deux. [mɛtezɑ̃dø]	Bringt zwei (davon) an!
tourner	drehen/abbiegen
Le chemin **tourne à** gauche.	Der Weg biegt nach links ab.
N'y va pas.	Geh nicht dorthin!
Les voilà partis dans le Lubéron.	Jetzt sind sie auf dem Weg in den Lubéron.
un sentier [ɛ̃sɑ̃tje]	ein Pfad
un coup [ɛ̃ku]	ein Schlag/Hieb
à grands coups de machette	mit kräftigen Machetenhieben
s'asseoir [saswar] je m'assois [ʒəmaswa], nous nous asseyons [nunuzasejõ], ils s'assoient [ilsaswa]; il s'est assis [ilsɛtasi], **elle** s'**est** assis**e** [ɛlsɛtasiz]	sich setzen
Assieds-toi. [asjetwa]	Setz dich!
Asseyez-vous. [asejevu]	Setzt euch!/Setzen Sie sich!
se montrer	sich zeigen/sich benehmen
Té! [te]	Bah!/Was soll's?
Ecoutez-moi.	Hört mir zu!
une semaine	eine Woche
la semaine dernière	letzte Woche/in der letzten Woche
Sivergues [sivɛrg]	*Ort im Lubéron*
Allez-y avec lui.	Geht mit ihm dorthin!
redescendre	wieder hinuntergehen
Je **redescends sur** Castellet.	Ich gehe wieder nach Castellet hinunter.
A tout à l'heure! [atutalœr]	Bis gleich/später!

C ... et les points rouges

une vipère	eine Viper/(Kreuz)Otter
se mettre à faire qc	beginnen/anfangen, etw. zu tun
courir je cours [ʒəkur], nous courons, ils courent [ilkur]; il **a** couru [ilakury]	rennen/laufen
Elle **se met à** courir.	Sie beginnt zu rennen.
un garrot [ɛ̃garo]	*hier:* eine Abschnürbinde
faire un garrot à qn	jdm. ein Körperglied abbinden
le dos [lədo]	der Rücken
amener qn chez qn [amne ...]	jdn. zu jdm. bringen
possible [pɔsibl]	möglich
le plus vite possible	so schnell wie möglich
couvrir (de)	bedecken (mit)
la sueur [lasɥœr]	der Schweiß
être couvert de sueur	in Schweiß gebadet sein
Ça va plus vite.	Das geht schneller.
piquer	beißen *(bei einer Schlange)*
se dépêcher	sich beeilen
Dépêchez-vous.	Beeilt euch!
Il file sur Apt.	Er fährt schnell nach Apt.
un docteur	ein Arzt
Murat [myra]	*Familienname*
une piqûre [ynpikyr]	eine Spritze
faire une piqûre à qn	jdm. eine Spritze geben
le danger [lədɑ̃ʒe]	die Gefahr
Je regrette d'avoir été méchante avec toi.	Es tut mir leid, daß ich böse zu dir war.
en vouloir à qn	jdm. böse sein
Tu m'en veux encore?	Bist du mir noch böse?

Exercices

3	**Pardon?**	Wie bitte?
	Pas question!	Kommt nicht in Frage!
4	**Duc** [dyk]	*Familienname*
	Paul [pɔl]	*männl. Vorname*

Révision

● *mettre/se mettre*

mettre qc sur la table	etw. auf den Tisch legen/setzen/stellen
mettre la table	den Tisch decken
mettre la radio	das Radio anmachen
mettre une lettre à la boîte	einen Brief (in den Briefkasten) einwerfen
mettre un chemisier	eine Bluse anziehen
mettre 10 minutes pour faire qc	10 Minuten brauchen, um etw. zu tun
se mettre à faire qc	anfangen, etw. zu tun
se mettre au lit	sich ins Bett legen
se mettre derrière qn	sich hinter jdn. stellen
se mettre en route	sich auf den Weg machen
se mettre en colère	wütend werden
remettre en état	renovieren/wiederinstandsetzen

● *passer*

Mme Pradel passe à la pharmacie.	Frau Pradel geht zur Apotheke.
Elle passe devant la poste.	Sie geht an der Post vorbei.
Elle passe chez une amie.	Sie geht bei einer Freundin vorbei.
Elle voit passer son mari en voiture.	Sie sieht ihren Mann im Auto vorbeifahren.
Jörg passe la frontière à Sarrebruck.	Jörg überquert die Grenze bei Saarbrücken.
Les Mollet passent un premier poste de péage.	Die Mollets passieren eine erste Zahlstelle.
Le train passe par Reims.	Der Zug fährt über Reims.
Pierre passe quinze jours à Paris.	Pierre verbringt vierzehn Tage in Paris.
Jeanne passe ses vacances à Merlette.	Jeanne verbringt ihre Ferien in Merlette.
Passe-moi ton verre.	Reich mir dein Glas.
Tu peux me passer le pain, s'il te plaît?	Kannst du mir bitte das Brot reichen?
Ce monsieur se fait passer pour un inspecteur des douanes.	Dieser Herr gibt sich als Zollinspektor aus.
Cette histoire se passe à Paris.	Diese Geschichte spielt/ereignet sich in Paris.
Qu'est-ce qui se passe?	Was ist los?
Qu'est-ce qui s'est passé?	Was ist geschehen/passiert?

Attention au passé composé!

Elle **a** passé **ses vacances** à Paris. *(passer + direktes Objekt)*	Sie hat ihre Ferien in Paris verbracht.
Elle **est** passé**e** **à la pharmacie.** *(passer + Ortsbestimmung)*	Sie ist zur Apotheke gegangen.

Leçon 8: Perfectionnement

La Provence

un paysage [ɛ̃peizaʒ]	eine Landschaft
la Camargue [lakamarg]	*Gegend in Südfrankreich*
un marais	ein Sumpf
un étang [ɛ̃netɑ̃]	ein Teich
un delta	ein Delta *(Mündungsgebiet eines Flusses)*
un taureau [ɛ̃tɔro], des taureau**x**	ein Stier, Stiere
un cheval, des cheva**ux** [ɛ̃ʃval, deʃvo]	ein Pferd, Pferde
un flamant [ɛ̃flamɑ̃]	ein Flamingo
une région [ynreʒjõ]	eine Gegend/Region
cultiver qc	etw. anbauen
surtout [syrtu]	vor allem/besonders
le riz [ləri]	der Reis
plat [pla], **plate** [plat]	flach
une tuile [yntɥil]	ein (Dach)Ziegel
typique de [tipik]	typisch für
un champ [ɛ̃ʃɑ̃]	ein Feld
la lavande	der Lavendel
un olivier	ein Olivenbaum
une colline	ein Hügel
une olive	eine Olive
l'huile *(f)* [lɥil]	das Öl
la vigne [viɲ]	die Weinrebe/der Wein *(als Pflanze)*
le Pont du Gard [ləpõdygar]	*röm. Aquädukt in der Nähe von Nîmes*
Jésus-Christ [ʒezykri]	Jesus Christus
un Romain [ɛ̃rɔmɛ̃], **une Romaine** [ynrɔmɛn]	ein Römer, eine Römerin
bâtir je bâtis, nous bâtissons, ils bâtissent; j'ai bâti	(er)bauen
un aqueduc [ɛ̃nakdyk]	ein Aquädukt
une époque	eine Epoche/Zeit
à cette époque	zu dieser Zeit/damals
Nemausus	*latein. Name für das heutige Nîmes*
haut [o], **haute** [ot]	hoch
haut de 49 mètres	49 Meter hoch
un palais [ɛ̃palɛ]	ein Palast
un pape [ɛ̃pap]	ein Papst
le Palais des Papes	der Papstpalast *(in Avignon)*
le pont St-Bénézet [... sɛ̃benezɛ]	*die sogenannte „Brücke von Avignon"*
vivre je vis, nous vivons, ils vivent; j'ai vécu	leben
Rome [rɔm]	Rom
au premier plan	im Vordergrund
le Rhône [ləron]	die Rhône *(Fluß)*
un jeu, des jeu**x** [ɛ̃ʒø, deʒø]	ein Spiel, Spiele
la pétanque [lapetɑ̃k]	*in Südfrankreich entstandene Variante des Boulespiels*
l'été *(m)*	der Sommer
en été	im Sommer
un spectateur, une spectatrice	ein Zuschauer, eine Zuschauerin
une course [ynkurs]	ein Rennen/ein Lauf
une cocarde [ynkɔkard]	eine Kokarde *(ein farbiges Bändchen)*
une course à la cocarde	*provenzalische Art des Stierkampfes*
une arène	eine Arena
Arles	*Stadt in der Provence*
un monument [ɛ̃mɔnymɑ̃]	ein Bauwerk
quelquefois [kɛlkəfwa]	manchmal
une corne [ynkɔrn]	ein Horn
tuer qn [tɥe]	jdn. töten
un pèlerinage [ɛ̃pɛlrinaʒ]	eine Pilgerfahrt
un gitan [ɛ̃ʒitɑ̃], **une gitane** [ynʒitan]	ein Zigeuner, eine Zigeunerin
les Saintes-Maries-de-la-Mer	*Stadt in der Camargue (berühmter Wallfahrtsort der Zigeuner)*
une légende [ynleʒɑ̃d]	eine Legende
la mort [lamɔr]	der Tod
le Christ [krist]	Christus

l'entourage *(m)* [lɑ̃turaʒ]	die Umgebung/das Gefolge
Marie Jacobée [mariʒakɔbe] **Marie Salomé** [marisalɔme] **Sara**	*Frauen aus dem Gefolge von Jesus*
une servante [ynsɛrvɑ̃t]	eine Dienerin
une procession [ynprɔsɛsjõ]	eine Prozession
une statue [ynstaty]	eine Statue
industriel, industrielle	industriell/gewerblich
Fos-sur-Mer [fɔssyrmɛr]	*Hafen- und Industriestadt in Südfrankreich*
depuis [dəpɥi]	seit
développer qc [devlɔpe]	etw. entwickeln/erweitern
une raffinerie [ynrafinri]	eine Raffinerie
un pipe-line [piplin]	eine Pipeline/Erdölleitung

Compréhension orale – D'Avignon à St-Rémy

St-Rémy [sɛ̃remi]	*Stadt in der Provence*
traverser	überqueren
compliqué, compliquée	kompliziert
un ticket	eine Fahrkarte/ein Fahrschein
les gens *(m/pl)* [leʒɑ̃]	die Leute

Leçon 9

Qui est-ce qui a fait le coup?

Qui est-ce qui	Wer *(Fragepronomen-Subjekt)*
un coup [ɛ̃ku]	*hier:* eine (Straf)Tat
faire un coup	eine Tat begehen
Qui est-ce qui a fait le coup?	Wer hat die Tat begangen?
se passer	geschehen/sich abspielen
l'entrée *(f)*	der Eingang
Lamartine	*frz. Dichter und Staatsmann (1790–1869)*
une boulangerie	eine Bäckerei
le bruit [ləbrɥi]	der Lärm/das Geräusch
Quel bruit!	Welch ein Lärm!
s'entendre	sich verstehen/sich verständigen
On ne s'entend plus!	Man versteht sein eigenes Wort nicht mehr!
Jacquin [ʒakɛ̃]	*Familienname*
une mobylette [ynmɔbilɛt]	ein Mofa
faire de la mobylette	Mofa fahren
passer en mobylette	mit dem Mofa vorbeifahren
un trottoir [ɛ̃trɔtwar]	ein Gehweg/Bürgersteig
un moteur [ɛ̃mɔtœr]	ein Motor
en plus [ɑ̃plys]	außerdem noch/noch dazu
la fumée	der Rauch; *hier* die Auspuffgase
Il y a plein de fumée dans le magasin.	Das Geschäft ist voller Auspuffgase.
Ça sent mauvais ici.	Hier riecht es schlecht.
quelquefois [kɛlkəfwa]	manchmal
Qu'est-ce que	Was *(Fragepronomen-Objekt)*
Qu'est-ce qu'ils font?	Was machen sie?

Vous savez **ce qu'**ils font quelquefois?	Wissen Sie, was sie manchmal machen?
empêcher qn de faire qc	jdn. hindern, etw. zu tun
vrai, vraie [vrɛ]	wahr/richtig
C'est vrai?	Stimmt das?/Ach ja?
Gardet [gardɛ]	*Familienname*
devant chez Gardet	*hier:* vor dem Laden von Gardet
une pâtisserie [ynpatisri]	eine Konditorei
une boulangerie-pâtisserie	eine Bäckerei und Konditorei
il y a deux ans	vor 2 Jahren (es ist 2 Jahre her)
un salon de thé	*entspricht dem deutschen „Café"*
en deux ans	innerhalb von 2 Jahren
reparler	wieder/noch einmal sprechen
pour reparler des jeunes	um wieder auf die Jugendlichen zurückzukommen
discuter avec qn	mit jdm. diskutieren
Lacroix [lakrwa], **Duval**	*Familiennamen*
Stéphane [stefan]	*männl. Vorname*
Ils ne sont pas si méchants que ça.	So böse sind sie auch wieder nicht.
s'intéresser à qc	sich für etw. interessieren
Pensez-vous!	Ach was!
Qu'est-ce qui	*Was (Fragepronomen-Subjekt)*
Qu'est-ce qui les intéresse?	Was interessiert sie?
Ce qui les intéresse, ce sont les mobylettes, et rien d'autre.	Was sie interessiert, sind Mofas und nichts anderes.
embêter qn	jdn. ärgern/belästigen
les gens *(m/pl)* [leʒɑ̃]	die Leute
Embêter les gens, c'est tout **ce qu'**ils savent faire.	Die Leute ärgern, das ist alles, was sie können.
réveiller qn	jdn. wecken
se réveiller	aufwachen

croire [krwar] je crois [ʒəkrwa], il croit, nous croyons [nukrwajõ], vous croyez [vukrwaje], ils croient [ilkrwa]; il a cru [ilakry]	glauben
Il **croit avoir entendu** un bruit.	Er glaubt, ein Geräusch gehört zu haben.
une vitre	eine Fensterscheibe
une ruelle [ynrɥɛl]	eine (enge) Gasse
un agent (de police) [ɛ̃naʒɑ̃]	ein Polizist
gros, grosse [gro, gros]	dick/groß
une pierre	ein Stein
la matinée	der Vormittag
dans la matinée	im Laufe des Vormittags
Janvier	*hier: Familienname*
interroger qn	jdn. befragen/verhören
C'est bien ça?	So ist es doch?/Nicht wahr?
un concert [ɛ̃kõsɛr]	ein Konzert
le rock [lerɔk]	die Rockmusik
un concert de rock	ein Rockkonzert
un spectateur, une spectatrice	ein Zuschauer, eine Zuschauerin
se souvenir de qc	sich an etw. erinnern
une vitrine	ein Schaufenster; *hier:* eine Schaufensterscheibe
Qu'est-ce qui s'est passé?	Was ist passiert?
Tu ne sais pas **ce qui** s'est passé?	Du weißt nicht, was passiert ist?
… ou quoi? [… kwa]	… oder was?
le Vox [ləvɔks]	*Name eines Kinos*
le ciné	*Kurzform für «le cinéma»*
Qui est-ce que	Wen *(Fragepronomen-Objekt)*

	Qui est-ce que vous avez rencontré?	Wen habt ihr getroffen?
	vers une heure	gegen ein Uhr
	une découverte	eine Entdeckung
	intéressant, intéressante	interessant
	un rideau [ɛ̃rido], des rideau**x**	ein Vorhang, Vorhänge
	lancer qc	etw. werfen
	plus vite que	schneller als
	moins vite que	langsamer als
	le plus vite	am schnellsten
	le moins vite	am langsamsten
	la solution [lasɔlysjɔ̃]	die Lösung

Exercices

2	**amener qn à faire qc**	jdn. dazu bringen, etw. zu tun
3	**Roux** [ru]	*Familienname*
	le Général de Gaulle (Charles de Gaulle)	*frz. Staatsmann (1890–1970) Von 1959–1969 Präsident der frz. Republik*
	Verdun [vɛrdɛ̃]	*Stadt in Frankreich*
4	**une salle à manger**	ein Eßzimmer/ein Eßraum
	le sport [ləspɔr]	der Sport
	Il aime **tous les sports.**	Er liebt alle Sportarten.
7	**visiter qc**	etw. besichtigen
	un parcmètre [ɛ̃parkmɛtr]	eine Parkuhr
	une citadelle	eine Zitadelle
8	**la porte d'Italie** / **la porte de Clignancourt** [… kliɲɑ̃kur]	*Metrostationen in Paris*
	un ticket de métro	ein Metrofahrschein
	une ligne	*hier:* eine Metrolinie

Révision

Verbes	*Noms*	*Verben*	*Nomen*
s'arrêter	**un arrêt**	anhalten/stehenbleiben	ein Halt/eine Haltestelle/ein Aufenthalt
arriver	**l'arrivée** *(f)*	ankommen	die Ankunft
attendre	**l'attente** *(f)*	warten	die Wartezeit
boire	**une boisson**	trinken	ein Getränk
chanter	**une chanson**	singen	ein Lied
chercher / **rechercher**	**une recherche**	suchen / fahnden	eine Suche/Fahndung
couvrir	**une couverture**	bedecken	eine Decke
danser	**la danse**	tanzen	der Tanz
découvrir	**une découverte**	entdecken	eine Entdeckung
déjeuner	**le déjeuner**	zu Mittag essen	das Mittagessen
	le petit déjeuner		das Frühstück
descendre	**une descente**	hinabgehen/hinabsteigen	ein Abstieg/eine Abfahrt
dessiner	**un dessin**	zeichnen	eine Zeichnung
dîner	**le dîner**	zu Abend essen	das Abendessen
employer	**un(e) employé(e)**	gebrauchen; beschäftigen	ein(e) Angestellte(r)/ein(e) Beschäftigte(r)
fêter	**une fête**	feiern	ein Fest
filmer	**un film**	filmen	ein Film
neiger	**la neige**	schneien	der Schnee

partir	**le départ**	aufbrechen/ abfahren	der Aufbruch/ die Abfahrt
rencontrer	**une rencontre**	treffen/begegnen	ein Treffen/ eine Begegnung
retourner	**le retour**	zurück-/umkehren	die Rückkehr
servir	**le service**	bedienen	die Bedienung; der Dienst
sortir	**la sortie**	hinaus-/ausgehen	der Ausgang
téléphoner	**le téléphone**	telefonieren	das Telefon
travailler	**le travail**	arbeiten	die Arbeit
vendre	**un vendeur**	verkaufen	ein Verkäufer
	une vendeuse		eine Verkäuferin
voir	**la vue**	sehen	die Aussicht/ der Ausblick
voler	**un voleur**	stehlen	ein Dieb
	une voleuse		eine Diebin
voyager	**un voyage**	reisen	eine Reise
	un voyageur		ein Reisender
	une voyageuse		eine Reisende

Leçon 9: Perfectionnement

Compréhension orale – Situations

Quel parfum? — *hier:* Welcher Geschmack? *(bei Eiskrem)*
une baguette [ynbagɛt] — *ein frz. Weißbrot (Stangenbrot)*
un papier [ɛ̃papje] — ein Papier
autour de [oturdə] — um ... herum/ringsum
un accent [ɛ̃naksɑ̃] — ein Akzent/eine Betonung; *hier:* (Art der) Aussprache

Révision 3

1 **une boule de neige** — ein Schneeball
un sourire — ein Lächeln
2 **accompagner qn** — jdn. begleiten
la peinture — die Farbe *(zum Streichen)*
une machette — eine Machete/ein Buschmesser
les broussailles *(f)* — das Gestrüpp
une balise — eine Markierung
3 **le château de Versailles** [... vɛrsaj] — das Schloß von Versailles *(erbaut 1668 für den frz. König Ludwig XIV.)*
le château de Fontainebleau [... fɔ̃tɛnblo] — das Schloß von Fontainebleau *(erbaut 1526 für den frz. König Franz I.)*
le château de Sans-Souci [... sɑ̃susi] — das Schloß Sans-Souci in Potsdam *(erbaut 1745 für den preußischen König Friedrich II.)*
une église — eine Kirche
la Sainte-Chapelle [lasɛ̃tʃapɛl] — *gotische Kirche in Paris, erbaut 1242–1248 unter Ludwig dem Heiligen*
Saint-Germain-des-Prés [sɛ̃ʒɛrmɛ̃depre] — *ehemalige Abtei in Paris, erbaut um 550; heute ist nur noch die Kirche erhalten*
un fleuve [ɛ̃flœv] — ein Fluß
le Rhône [ləron] — die Rhone *(Fluß in Frankreich)*
la Loire [lalwar] — die Loire *(Fluß in Frankreich)*
à mon avis [amɔ̃navi] — meiner Meinung nach

Leçon 10

A Le château de Beynac

Beynac [bɛnak]	*Ort in Frankreich*
la Dordogne [ladɔrdɔɲ]	*Fluß in Frankreich*
dater de	*hier:* stammen aus
un siècle [ɛ̃sjɛkl]	ein Jahrhundert
le 13ᵉ siècle [lətrɛzjɛmsjɛkl]	das 13. Jahrhundert
restaurer [rɛstɔre]	restaurieren
il est possible de faire qc	es ist möglich, etw. zu tun
une région [ynreʒjõ]	eine Gegend/Region
malheureux [malœrø], **malheureuse** [malœrøz]	unglücklich
cultiver	*hier:* anbauen
le tabac [lətaba]	der Tabak
d'ailleurs [dajœr]	übrigens
un rang [ɛ̃rɑ̃]	ein Rang/eine Reihe
être au premier rang	*hier:* an erster Stelle stehen
un paysan [ɛ̃peizɑ̃], **une paysanne** [ynpeizan]	ein Bauer, eine Bäuerin
vivre je vis, il vit, nous vivons, ils vivent [ilviv]; il a vécu [ilaveky]	leben
autrefois [otrəfwa]	früher/damals
dur, dure [dyr]	hart
Le paysan **avait** une vie dure.	Der Bauer hatte ein hartes/schweres Leben.
le Moyen Age [ləmwajɛnaʒ]	das Mittelalter
au Moyen Age	im Mittelalter
cultiver la terre	das Land bebauen
un droit [ɛ̃drwa]	ein Recht
avoir le droit de faire qc	das Recht haben, etw. zu tun
travailler la terre	den Boden bearbeiten
une année	ein Jahr *(in seinem Verlauf gesehen)*
chaque [ʃak]	jeder, jede, jedes
un seigneur [ɛ̃sɛɲœr]	ein (adeliger) Herr
un mur	eine Mauer
bâtir je bâtis, il bâtit, nous bâtissons, ils bâtissent [ilbatis]; il a bâti	bauen/errichten
une guerre [yngɛr]	ein Krieg
faire la guerre à qn	gegen jdn. Krieg führen
agréable	angenehm
confortable [kõfɔrtabl]	bequem/behaglich
Le château n'**était** pas confortable.	Das Schloß war nicht behaglich.
sombre [sõbr]	dunkel/düster
un troubadour [ɛ̃trubadur]	ein Troubadour *(provenzalischer Minnesänger)*
un tournoi [ɛ̃turnwa]	ein Turnier
la chasse [laʃas]	die Jagd
partir à la chasse	auf die Jagd gehen
chasser	jagen
la paix [lapɛ]	der Frieden
en temps de paix	in Friedenszeiten
l'air *(m)* [lɛr]	die Luft
en plein air [ɑ̃plɛnɛr]	im Freien
depuis [dəpɥi]	seit/seitdem
une révolution [ynrevɔlysjõ]	eine Revolution
(en) 1789 dix-sept cent quatre-vingt-neuf/ mille sept cent quatre-vingt-neuf	(im Jahre) 1789
le gibier [ləʒibje]	das Wild
un lièvre [ɛ̃ljɛvr]	ein Hase

Exercices

2	**un produit** [ɛ̃prɔdɥi]	ein Produkt/ein Erzeugnis

B Robert de Beynac: première partie

Robert [rɔbɛr] / **Christophe** [kristɔf]	*männl. Vornamen*
Philippeau [filipo]	*Familienname*
un journaliste, une journaliste,	ein Journalist, eine Journalistin
Gaspard [gaspar]	*männl. Vorname*
un mois [ɛ̃mwa]	ein Monat
le bois [ləbwa]	das Holz
une forêt [ynfɔrɛ]	ein Wald
comme	da/weil
Comme je voulais rentrer ...	Da ich ... zurückkehren wollte, ...
un sentier [ɛ̃sɑ̃tje]	ein Pfad
la lune [lalyn]	der Mond
C'était la pleine lune.	Es war Vollmond.
Pendant que je marchais, ...	Während ich ging, ...
Jupiter [ʒypitɛr]	Jupiter/*hier: Name eines Hundes*
aboyer [abwaje]	bellen
paraître [parɛtr] je parais, il paraît, nous paraissons, ils paraissent [ilparɛs]; il **a** paru	scheinen/erscheinen
Il **paraissait** avoir peur.	Er schien Angst zu haben.
au bout de [obudə]	nach (Ablauf von)
au bout d'un quart d'heure	nach einer Viertelstunde
éclairer [eklɛre]	erleuchten/erhellen
La salle était éclairée.	Der Saal war erleuchtet.
rire je ris, il rit, nous rions, il rient [ilri]; il a ri	lachen
le diable [lədjabl]	der Teufel
On **a eu** peur.	Wir haben Angst bekommen.
l'âme *(f)*	die Seele
disparaître	verschwinden
Il **a** disparu.	Er ist verschwunden.
une lézarde [ynlezard]	ein Riß *(in einer Mauer)*
exister [ɛgziste]	existieren/bestehen
rêver [rɛve]	träumen
A suivre.	Fortsetzung folgt.

Exercices

3	**un accident** [ɛ̃naksidɑ̃]	ein Unfall
	une situation [ynsitɥasjɔ̃]	eine Situation
	un feu [ɛ̃fø]	ein Feuer/*hier:* eine Ampel
	attendre au feu rouge	bei Rot warten
4	**une machette**	eine Machete/ein Buschmesser
	une balise	eine Markierung

Révision

● *Quelques verbes qui commencent par -r(e)*

amener qn	**ramener qn/qc**	jdn. (hin-/her)bringen/ mitbringen	jdn./etw. (zurück)bringen
chercher	**rechercher**	suchen	suchen; fahnden
commencer	**recommencer**	beginnen/anfangen	wieder beginnen/ wieder anfangen
(se) couvrir	**(se) recouvrir**	(sich) bedecken/ zudecken	(sich) wieder zudecken
descendre	**redescendre**	hinabgehen/ hinabsteigen	wieder hinabgehen/ wieder hinabsteigen
entrer	**rentrer**	betreten/eintreten/ hereinkommen	wieder betreten; nach Hause gehen/ kommen
faire	**refaire**	machen/tun	noch einmal machen/ wieder tun
se mettre au lit	**se remettre au lit**	sich ins Bett legen	sich wieder ins Bett legen
monter	**remonter**	hinaufgehen/ hinaufsteigen	wieder hinaufgehen/ wieder hinaufsteigen
parler	**reparler**	sprechen	wieder/noch einmal sprechen
prendre	**reprendre**	nehmen	wieder (zurück)nehmen
tourner	**retourner**	drehen/wenden; abbiegen	umdrehen/wenden; umkehren/zurück-kehren
trouver	**retrouver**	finden	wiederfinden; treffen
venir	**revenir**	kommen	zurückkommen/wieder-kommen
voir	**revoir**	sehen	wiedersehen/noch einmal sehen

● *Bonne journée!*

– Bonne journée!	– Einen schönen Tag!	**Bonne année!**	Ein gutes Neues Jahr!
– Merci, vous aussi./ Merci, toi aussi.	– Danke, Ihnen auch!/ Danke, dir auch!	**Bon anniversaire!**	Herzlichen Glückwunsch zum Geburtstag!
Bonne soirée!	Einen schönen Abend!	**Bonne chance!**	Viel Glück!
Bonne nuit!	Gute Nacht!	**Bon appétit!**	Guten Appetit!
Bon week-end!	Schönes Wochenende!	**Santé!**	Zum Wohle!/Prost!
Bonnes vacances!	Schöne Ferien!	**A votre santé! A la vôtre!**	Auf Ihr Wohl!/Prost!
Bon voyage!	Gute Reise!		
Bonne route!	Gute Fahrt!	**A ta santé! A la tienne!**	Auf dein Wohl!/Prost!

Leçon 10: Perfectionnement

Le 14-Juillet

Louis XVI [lwisɛz]	Ludwig XVI. *(1754–1793; frz. König ab 1774; 1793 während der frz. Revolution enthauptet)*
un roi [ɛ̃rwa], **une reine** [ynrɛn]	ein König, eine Königin
le roi de France	der König von Frankreich
la politique	die Politik
la serrurerie [laseryrri]	das Schlosserhandwerk
surtout	vor allem/besonders
l'été *(m)*	der Sommer
le peuple	das Volk
dépenser	ausgeben
l'armée *(f)*	die Armee
éclater	platzen; *hier:* zum Ausbruch kommen
la Bastille [labastij]	die Bastille *(ehemaliges Staatsgefängnis in Paris)*
la foule	die (Menschen)Menge
une prison	ein Gefängnis
un symbole [ɛ̃sɛ̃bɔl]	ein Symbol
la monarchie absolue	die absolute Monarchie
s'installer [sɛ̃stale]	*hier:* Stellung beziehen
un canon [ɛ̃kanõ]	eine Kanone
un commandant [ɛ̃kɔmɑ̃dɑ̃]	ein Kommandant
faire tirer sur qn	auf jdn. schießen lassen
Bernard de Launay [bɛrnardəlonɛ]	*Kommandant der Bastille; er wurde nach der Einnahme der Bastille vom Volk getötet.*
un soldat [ɛ̃sɔlda]	ein Soldat
résister	Widerstand leisten
la prise de la Bastille	der Sturm auf die Bastille
important, importante	wichtig/bedeutend
un défilé militaire [... militɛr]	eine Militärparade
les Champs-Elysées [leʃɑ̃zelize]	die Champs-Elysées *(Prachtstraße in Paris)*
un jeu, des jeux	ein Spiel, Spiele *(zur Unterhaltung)*
une course	ein Rennen
une course à pied	ein Wettlauf
une course cycliste [... siklist]	ein Radrennen
pique-niquer [piknike]	ein Picknick machen
un feu d'artifice [ɛ̃fødartifis]	ein Feuerwerk
un bal	eine Tanzveranstaltung

Compréhension orale – Une histoire mystérieuse

une pièce radiophonique [... radjɔfɔnik]	ein Hörspiel
mystérieux [misterjø], **mystérieuse** [misterjøz]	mysteriös/geheimnisvoll
un fantôme	ein Gespenst
la Montagne Noire	*einsame Gegend in Südfrankreich*
Carcassonne, **Castres** [kastr]	*Städte in Frankreich*
une panne [ynpan]	eine Panne
un garage [ɛ̃garaʒ]	*hier:* eine Autowerkstatt
élégant [elegɑ̃], **élégante** [elegɑ̃t]	elegant
s'endormir	einschlafen
sûr, sûre	sicher

un gendarme [ɛ̃ʒɑ̃darm] — ein Gendarm *(Polizist, der im Gegensatz zum «agent de police» der Armee unterstellt ist)*
une gendarmerie [ynʒɑ̃darməri] — *Arbeits- und Wohnstelle der Gendarmen*
Mazamet [mazamɛ] — *Stadt in Frankreich*
de Ramaud [dəramo] — *Familienname (eines Adligen)*
un centimètre [ɛ̃sɑ̃timɛtr] — ein Zentimeter
Elle était **morte** depuis trois ans. — Sie war seit drei Jahren tot.
Il était **mort** dans un accident de voiture. — Er war bei einem Autounfall gestorben/umgekommen.

Leçon 11

Charlemagne

Charlemagne [ʃarləmaɲ] — Karl der Große *(742–814)*
un empereur [ɛ̃nɑ̃prœr], **une impératrice** [ynɛ̃peratris] — ein Kaiser, eine Kaiserin
Noël *(m)* [nɔɛl] — Weihnachten
Charles [ʃarl] — Karl
un roi [ɛ̃rwa], **une reine** [ynrɛn] — ein König, eine Königin
un Franc [ɛ̃frɑ̃], **une Franque** [ynfrɑ̃k] — ein Franke, eine Fränkin
prier [prije] — beten
une basilique [ynbazilik] — eine Basilika
la basilique St-Pierre — der Petersdom *(in Rom)*
la foule — die (Menschen)Menge
un pape — ein Papst
le pape Léon [leõ] — *Papst Leo III. (750–816)*
une couronne — eine Krone
un Romain [ɛ̃rɔmɛ̃], **une Romaine** [ynrɔmɛn] — ein Römer, eine Römerin
une victoire [ynviktwar] — ein Sieg
un règne [ɛ̃rɛɲ] — eine Herrschaft/Regierungszeit
devenir [dəvnir] — werden
un souverain [ɛ̃suvrɛ̃] — ein Herrscher
puissant [pɥisɑ̃], **puissante** [pɥisɑ̃t] — mächtig
Carolus Magnus [karolusmagnus] — *latein. für* Karl der Große
les origines *(f)* **de qn** [lezɔriʒin] — die Herkunft einer Person
Charles Martel [ʃarlmartɛl] — Karl Martel *(685–741)*
battre qn [batr] je bats, nous battons, ils battent; j'ai battu — jdn. schlagen
un Arabe, une Arabe — ein Araber, eine Araberin
le maire du palais [ləmɛrdypalɛ] — der Hausmeier *(ursprünglich: Vorsteher des königl. Hauswesens und der Domänen; unter den Merowingern: Führer des Adels)*
mérovingien [merɔvɛ̃ʒjɛ̃], **mérovingienne** [merɔvɛ̃ʒjɛn] — merowingisch
un Mérovingien, une Mérovingienne — ein Merowinger, eine Merowingerin
le pouvoir — die Macht
Pépin le Bref [pepɛ̃ləbrɛf] — Pippin der Kurze *(715–768); Vater Karls des Großen*
un Carolingien [karɔlɛ̃ʒjɛ̃], **une Carolingienne** [ynkarɔlɛ̃ʒjɛn] — ein Karolinger, eine Karolingerin
énergique [enɛrʒik] — energisch
intelligent [ɛ̃teliʒɑ̃], **intelligente** [ɛ̃teliʒɑ̃t] — intelligent

une campagne [ynkɑ̃paɲ]	*hier:* ein Feldzug
lutter	kämpfen
un Lombard, une Lombarde	ein Langobarde, eine Langobardin *(als historische Bezeichnung)*/ein Lombarde, eine Lombardin
une armée	eine Armee
un Basque [ɛ̃bask], **une Basque**	ein Baske, eine Baskin
attaquer qn [atake]	jdn. angreifen
une arrière-garde [ynarjɛrgard]	eine Nachhut
tuer qn [tɥe]	jdn. töten
la Chanson de Roland [la ʃɑ̃sɔ̃dɛrɔlɑ̃]	das Rolandslied
d'après le nom	nach dem Namen
un commandant, une commandante	ein Kommandant, eine Kommandantin
un duc [ɛ̃dyk], **une duchesse** [yndyʃɛs]	ein Herzog, eine Herzogin
la Bavière [labavjɛr]	Bayern
les Avars [lezavar]	die Awaren *(zu den Hunnen gehörendes Steppenvolk)*
un peuple	ein Volk
l'Asie *(f)* [lazi]	Asien
l'est *(m)* [lɛst]	der Osten
la frontière est	die Ostgrenze
un royaume [ɛ̃rwajom]	ein Königreich
franc, franque	fränkisch
un Saxon [ɛ̃saksɔ̃], **une Saxonne** [ynsaksɔn]	ein Sachse, eine Sächsin
le nord [lənɔr]	der Norden
un missionnaire [ɛ̃misjɔnɛr]	ein Missionar
chrétien, chrétienne	christlich
un prisonnier [ɛ̃prizɔnje], **une prisonnière** [ynprizɔnjɛr]	ein Gefangener, eine Gefangene
saxon, saxonne	sächsisch
un citoyen [ɛ̃sitwajɛ̃], **une citoyenne** [ynsitwajɛn]	ein Bürger, eine Bürgerin

agrandir qc j'agrandis, nous agrandissons, ils agrandissent; j'ai agrandi	etw. vergrößern
le christianisme [ləkristjanism]	das Christentum
un empire [ɛ̃nɑ̃pir]	ein Kaiserreich
fonder qc [fɔ̃de]	etw. (be)gründen
la Communauté économique européenne	die Europäische Wirtschaftsgemeinschaft
le gouvernement [ləguvɛrnəmɑ̃]	die Regierung
gouverner	regieren
un comte [ɛ̃kɔ̃t], **une comtesse**	ein Graf, eine Gräfin
les «missi dominici» [misidɔminisi]	*latein.* die Königsboten
l'économie *(f)*	die Wirtschaft
le commerce	der Handel
se développer [sədevlɔpe]	sich entwickeln
un savant, une savante	ein Gelehrter, eine Gelehrte
Aix-la-Chapelle [ɛkslaʃapɛl]	Aachen
une capitale	eine Hauptstadt
enseigner	unterrichten
un palais [palɛ]	ein Palast/Schloß
le latin [ləlatɛ̃]	das Latein(ische)
un monastère	ein (Mönchs)Kloster
la Saint-Charlemagne [lasɛ̃ʃarləmaɲ]	*Festtag, den die frz. Schulen am 28. Januar zu Ehren Karls des Großen begehen*
la fin [lafɛ̃]	das Ende
Louis le Pieux [luiləpjø]	Ludwig der Fromme, *Sohn Karls des Großen (778–840)*
Charles	*Karl, Sohn Ludwigs des Frommen (823–877)*
Louis	*Ludwig, Sohn Ludwigs des Frommen (804–876)*
Lothaire [lɔtɛr]	*Lothar, Sohn Ludwigs des Frommen (795–855)*

un serment [ɛ̃sɛrmɑ̃]	ein Eid/Schwur
se promettre de faire qc	sich (gegenseitig) versprechen, etw. zu tun
un traité [ɛ̃trɛte]	ein Vertrag/Abkommen
diviser qc	etw. teilen
l'ouest *(m)* [lwɛst]	der Westen
la partie ouest	der westliche Teil
la Lotharingie [lalɔtarɛ̃ʒi]	Lotharingien *(Name für das Königreich Lothars)*
la Lorraine [lalɔrɛn]	Lothringen

Exercices

2	**devoir qc à qn**	*hier:* jdm. etw. verdanken

Chansons et poèmes

un poème [ɛ̃pɔɛm]	ein Gedicht
une ballade	eine Ballade
une étoile [ynetwal]	ein Stern
briller [brije]	leuchten/strahlen
ne … pas de … ni	weder … noch
un titre	ein (Ehren)Titel
un grade	ein (Dienst)Grad/Rang/eine Würde
Dieu [djø]	Gott
planter	pflanzen
un jardin [ɛ̃ʒardɛ̃]	ein Garten
la banlieue [labɑ̃ljø]	die Vororte/die Vorortzone
s'endormir	einschlafen
ressembler à qn [rəsɑ̃ble]	jdm. gleichen/ähnlich sehen
la star [lastar]	der Star *(männlich und weiblich)*
une vague [ynvag]	eine Welle/Woge
du haut de ta vague descends vers nous	komm von der Höhe deiner Welle zu uns herunter; *hier:* komm von deinem hohen Roß herunter
tu nous verras mieux	du wirst uns besser sehen
un roi [ɛ̃rwa]	ein König
le roi de la drague [… drag]	*umgangssprachlich:* der König der Schürzenjäger
le roi de la rigolade	*umgangssprachlich:* der König der Witzbolde
un rouleur	*umgangssprachlich:* ein Angeber
un flambeur	*umgangssprachlich:* ein Spieler, der hohe Einsätze wagt
un chœur [ɛ̃kœr]	ein Chor
un oiseau [ɛ̃nwazo], des oiseau**x**	ein Vogel, Vögel
un coquillage magique [ɛ̃kɔkijaʒmaʒik]	eine Zaubermuschel
la plage [laplaʒ]	der Strand
la fin [lafɛ̃]	das Ende
l'été *(m)*	der Sommer
sortir qc	etw. herausnehmen/herausholen
un tiroir [ɛ̃tirwar]	eine Schublade
déferler	*hier:* sich brechen *(von Wellen)*
la mer	das Meer
le ciel [ləsjɛl] **les cieux** [lesjø]	der Himmel, die Himmel
le soleil [ləsɔlej]	die Sonne
une oreille [ynɔrej]	ein Ohr
un homme	*hier:* ein Mensch
frapper	(an)klopfen
le cœur [ləkœr]	das Herz

le feu [ləfø]	das Feuer
repousser qn	jdn. zurückweisen/ zurückstoßen
l'Afrique *(f)*	Afrika
l'Asie *(f)* [lazi]	Asien
la longueur	die Länge
le nez [ləne]	die Nase
l'épaisseur *(f)*	die Dicke *(hier auf Lippen bezogen)*
la bouche	der Mund
la peau [lapo]	die Haut
je ne suis qu'un homme	ich bin nur ein Mensch
car	denn
le chant des adieux [ləʃɑ̃dezadjø]	das Abschiedslied
l'espoir *(m)* [lɛspwar]	die Hoffnung
nous nous reverrons [… rəvɛrɔ̃]	wir werden uns wiedersehen
s'enlacer	*hier:* ineinander-greifen
au déclin de ce jour [… deklɛ̃]	an diesem Tag, der zur Neige geht
une chaîne [ynʃɛn]	eine Kette
l'amour *(m)*	die Liebe

Liste des mots

- Die Zahlen verweisen auf das erstmalige Vorkommen der Wörter, z.B. **idée** *f* **1 C** 15,3 = Leçon 1 C, Seite 15, Exercice 3.
- *m = masculin; f = féminin; Sg = Singulier; Pl = pluriel*
- Neuer Wortschatz aus den Lektionsteilen „Perfectionnement" steht in eckigen Klammern.
- Die Wörter und Wendungen der *Chansons et poèmes* sowie die neuen, zumeist erschließbaren Wörter der Hörverstehenstexte werden in dieser Liste nicht berücksichtigt.
- Die Monatsnamen werden in Leçon 5 A, die unverbundenen Personalpronomen *(moi, toi, etc.)* in Leçon 6 B behandelt.

A

à
à pied **1 B** 10
[Course à pied **10** 105]
être au chômage **1 C** 14
être à la poste **4 A** 32
C'est à moi. *(Ich bin dran.)* **4 A** 38
[à cette époque **1** 17; **8** 85]
à la dernière minute **4 B** 40
au fait **4 B** 40
à 7 km de **5 A** 47
[croire à des dieux **1** 17]
partir à la montagne **5 B** 50
partir à la chasse **10 A** 98
aux yeux noirs **5 B** 50
au milieu [**2** 26]; **5 B** 51
[au printemps **5** 57]
Il est à toi, ce pull? **6 A** 64,6
à un moment **6 B** 61
aux herbes fraîches **7 B** 70
au choix **7 B** 70
A votre santé! **7 B** 71
A la vôtre! **7 B** 71
se mettre au lit **8 A** 77
jusqu'au matin **8 A** 77
à grands coups de machette **8 B** 80
A tout à l'heure! **8 B** 80
[au premier plan **8** 85]
[à mon avis **9** 96,3]
salle à manger *f* **9** 92,4
être au premier rang **10 A** 97
[au ... siècle **1** 17]
au Moyen Age **10 A** 98
au bout de **10 B** 100
A suivre. **10 B** 100
aider qn à faire qc **5 A** 47
amener qn à faire qc **9** 91,2
s'amuser à faire qc **8 A** 77
apprendre à faire qc **5 B** 50
inviter qn à faire qc **3 B** 29
se mettre à faire qc **8 C** 81
aboyer 10 B 100
[**accès** *m* **2** 26]
[bouche d'accès *f* **2** 26]
accident *m* **10 B** 101,3
[**accompagner** qn **9** 95,2]
addition *f* **7 B** 71
L'addition, s'il vous plaît! **7 B** 71
[s'**adresser** à qn **6** 66]
affaire *f*
(Angelegenheit) **6 B** 61
affaires *f (Pl) (Sachen)* **1 C** 14
agent (de police) *m* **9** 90
agneau/agneaux *m* **7 B** 70
côtelette d'agneau *f* **7 B** 70
agrandir qc **11** 107
agréable 10 A 98
Ah bon? 2 C 21
aider qn à faire qc **5 A** 47
air *m* **10 A** 98
en plein air **10 A** 98
ajouter 3 A 28
aller
aller chercher qn **1 C** 15,2
aller voir qn **2 A** 19
aller dîner **7 B** 70
On y va? **2 C** 21
Allez, mettez-vous ...! **5 B** 50
Allons-y! **5 B** 51
aller-retour *m* **4 B** 40
Trois aller-retour pour Reims. **4 B** 40
[**allocation** (de chomage) *f* **7** 75]
[toucher une allocation **7** 75]
[**alors là 2** 26]
âme *f* **10 B** 100
amener
amener qn chez qn **8 C** 81
amener qn à faire qc **9** 91,2
américain/américaine 6 A 59,2
amitié *f*
Amitiés. **1 C** 14
amoureux/amoureuse 8 A 77
être amoureux de qn **8 A** 77
s'**amuser**
s'amuser à faire qc **8 A** 77
s'amuser avec qn **8 A** 79
anglais/anglaise 6 A 58
animal/animaux *m* **2 A** 19
année *f* [**5** 57]; **10 A** 98
annonce *f* **2 A** 19
s'**appeler**
Il s'appelle ... **2 C** 21
apprendre à faire qc **5 B** 50
[**aqueduc** *m* **8** 85]
Arabe *m*/**Arabe** *f* **11** 106
arbre *m* **5 B** 51
[**arène** *f* **8** 86]
argent *m* **1 B** 10
armée *f* [**10** 104]; **11** 106
arrêt *m*
au premier arrêt **4 B** 41
sans arrêt **5 B** 50
arrêter
arrêter qn **2 C** 21
s'arrêter **5 B** 50
arrière-garde *f* **11** 106
arrivée *f* **1 A** 9
arriver
arriver à la dernière minute **4 B** 40
arriver en retard **4 B** 41
article *m* **2 B** 20
ascenseur *m* **1 B** 10
s'**asseoir 8 B** 80
assez de **3 A** 28
assiette *f* **7 A** 68
attaquer qn **11** 106
attention *f* [**2** 27]
[faire attention **2** 27]
Attention au départ! **4 B** 40
attraper 1 C 14
aussi bon que **7 B** 71
[**auteur** *m* **7** 76]
[**automne** *m* **5** 57]
[en automne **5** 57]
automobiliste *m* **6 B** 61
auto-stop *m* **6 B** 60
faire de l'auto-stop **6 B** 60
autrefois 10 A 98
autrichien/autrichienne 6 A 59,2
Avar *m/f* **11** 106
[**avis** *m* **9** 96,3]
[à mon avis **9** 96,3]

B

[**bal** *m* **10** 105]
balayer 1 B 11
balayeur *m* **1 B** 12,1
balise *f* **8 B** 79
baliser 8 B 79
[**banque** *f* **4** 45]
basilique *f* [**1** 17]; **11** 106
Basque *m/f* **11** 106
bateau/bateaux *m* **1 C** 14
bâtiment *m* **1 A** 8
bâtir [**8** 85]; **10 A** 98
battre qn **11** 106
beau/bel/belle 2 A 19
Il fait beau. **6 B** 63,4
beaucoup de **1 A** 9
bébé *m* **1 C** 14
belge 6 A 59,2
bêtise *f* [**2** 27]; **3 B** 29
beurre *m* **3 A** 28
bibliothèque *f* **1 B** 10
bien
Qu'est-ce qu'elle peut bien faire? **4 B** 40
Tu sais bien . . . **4 B** 40
ou bien **6 B** 61
C'est bien ça? **9** 90
[**bifteck** *m* **7** 75]
billet *m* [**2** 26]; **4 B** 40
[billet de retour **2** 26]
[**blanc d'œuf** *m* **3** 36]
[**bloquer 6** 66]
blond/blonde 2 B 20
bœuf *m* **7 B** 70
rôti de bœuf *m* **7 B** 70
boire 3 B 29
bois *m* **10 B** 100
boisson *f* **3 B** 29
boîte *f*
boîte aux lettres **4 A** 38
mettre une lettre à la boîte **4 A** 38
bon/bonne
Bonne nuit! **5 B** 50
Bonne route! **6 B** 60
sentir bon **7 A** 68
[**bouche** *f* **2** 26]
[bouche d'égout **2** 26]
[bouche d'accès **2** 26]
[**boucher** *m*/**bouchère** *f* **7** 75]
[**boucherie chevaline** *f* **7** 75]
[**bouchon** *m (Verkehrsstau)* **6** 66]
[**bouger 1** 18; **5** 57]
boulanger *m*/**boulangère** *f* **3 C** 32
boulangerie *f* **9** 89
boulangerie-pâtisserie *f* **9** 89
[**boule** (de neige) *f* **9** 95,1]
boulevard *m* **1 B** 11
[**boulot** *m* **7** 75]
bouquiniste *m* **1 A** 8
au **bout** de **10 B** 100
brouillard *m* **5 B** 51
Il y a du brouillard. **6 B** 63,4
broussailles *f (Pl)* **8 B** 79
bruit *m* **2 B** 24,4
brun/brune 2 B 24,5
un grand brun **5 B** 50
bureau de tabac/bureaux *m* **4 B** 40
bus *m* **4 B** 40

C

Ça
Ça, c'est . . . **2 C** 21
Et sportif avec ça! **5 B** 50
Ça sent mauvais. **9** 89
si . . . que ça **9** 89
C'est bien ça? **9** 90
[**caissier** *m*/**caissière** *f* **4** 45]
cage *f* **2 B** 20
[**calendrier** *m* **5** 56]
se **calmer 6 B** 61
camarade *m/f* **8 A** 77
camion *m* **6 A** 58
chauffeur de camion *m* **6 A** 58
camionnette *f* **2 B** 20
campagne *f (Feldzug)* **11** 106
canal/canaux *m* **1 A** 8
[**canon** *m* **10** 104]
capitale *f* **11** 107
car *m* **5 A** 47
carafe d'eau *f* **7 A** 68
Carolingien *m*/**Carolingienne** *f* **11** 106
carte *f (Speisekarte)* **7 B** 71
[carte Eurochèque **4** 45]
[**cas** *m* **2** 26]
[en ce cas **2** 26]
se **casser** qc **5 B** 51
[**catastrophe** *f* **2** 26]
cave *f* **2 B** 20
ce
c'est pourquoi **8 A** 77
ce qui/ce que **9** 89
cela 1 C 16,5
[**champ** *m* **8** 84]
chance *f* [*Chance* und *Glück* **2** 26, 27]; **6 B** 60
avoir de la chance **6 B** 60
changer *(umsteigen)* **4 B** 44,6
chanson *f* **3 C** 32
chanter 3 C 32
[**chantier naval** *m* **7** 75]
chaque 10 A 98
charger 6 A 58
chasse *f* **10 A** 98
partir à la chasse **10 A** 98
chasser 10 A 98
chat *m*/**chatte** *f* **2 A** 19
château/châteaux *m* **4 A** 38
chauffeur *m* **6 A** 58
chauffeur de camion **6 A** 58
chef *m* **7 B** 70
chemin *m* **8 B** 79
[**cheval/chevaux** *m* **8** 84]
cheveux *m (Pl)* **2 B** 20
avoir les cheveux blonds **2 B** 20
choisir 6 A 58
choix *m* **7 B** 70
au choix **7 B** 70
chômage *m* **1 C** 14
être au chômage **1 C** 14
chose *f* **2 A** 19
pas mal de choses **6 B** 60
pas grand-chose **6 B** 61
[**chrétien** *m*/**chrétienne** *f* **1** 17];
chrétien/chrétienne **11** 106
christianisme *m* **11** 107
cidre *m* **3 B** 29
cigare *m* **4 B** 40
cigarette *f* **6 B** 60
cimetière *m* **1 A** 9
ciné(ma) *m* **9** 90
[**circulation** *f* **6** 66]
citadelle *f* **9** 93,7
citoyen *m*/**citoyenne** *f* [**1** 17]; **10** 106
clochard *m* **1 C** 14
[**cocarde** *f* **8** 86]
cognac *m* **3 A** 28
colère *f* **6 B** 61
en colère **6 B** 61
[**colline** *f* **1** 17; **8** 84]
combien de **3 B** 29
commandant *m*/**commandante** *f* [**10** 104]; **11** 106
commander 7 B 71
comme
comme toujours **2 A** 19
comme je voulais . . . **10 B** 100
commerce *m* **11** 107
[**commissariat** *m* **2** 26]
Communauté économique européenne 11 107
compartiment *m* **4 B** 41
comprendre *(einschließen)* **7 B** 70
service (non) compris **7 B** 70
comte *m*/**comtesse** *f* **11** 107
concert *m* **9** 90
concert de rock **9** 90
concierge *m/f* **1 C** 16,5
confiture *f* **3 A** 28
confortable 10 A 98
connaître 7 B 71
[**construction** *f* **7** 75]
[**corne** *f* **8** 86]
côtelette *f* **7 B** 70
côtelette d'agneau **7 B** 70
se **coucher 6 A** 58
coup *m* **8 B** 80
à grands coups de machette **8 B** 80
faire un coup **9** 88

sucre *m* 3 **A** 28
sucre vanillé *m* 3 **A** 28
sueur *f* 8 **C** 81
suisse 6 **A** 59,2
supposer 4 **B** 41
sur
Je redescends sur Castellet. 8 **B** 80
Il file sur Apt. 8 **C** 81
surpris/surprise [1 18]; 6 **B** 61
[mauvaise **surprise** *f* 3 36,1]
[**surtout** 7 75; 8 84; 10 104]
[**symbole** *m* 10 104]
sympathique 1 **C** 14
sympa 5 **B** 50

T

tabac *m* 10 **A** 97
tableau/tableaux *m* 1 **B** 11
tard 1 **C** 14
tarte *f* 7 **B** 70
tarte maison 7 **B** 70
[**taureau/taureaux** *m* 8 84]
taxi *m* 1 **B** 12,2
télégramme *m* 4 **A** 39,1
temps *m*
temps *(Wetter)* 6 **B** 60
Il fait mauvais temps. 6 **B** 60
Il fait quel temps? 6 **B** 63,4
temps *(Zeit)* 10 **A** 98
en temps de paix 10 **A** 98
tenir 1 **B** 11
[se **terminer** 5 57]
ticket *m* 9 94,8
timbre *m*
timbre de collection 4 **A** 38
[**titre** *m* 3 36]
toit *m* 2 **A** 19
[**tombeau/tombeaux** *m* 1 18]
tomber 1 **C** 14
[tomber mort 1 18]
La nuit tombe. 6 **B** 60
[**toucher** *(beziehen)* 7 75]
[toucher une allocation 7 75]
le **tour** de France 1 **A** 9
la **tour** Eiffel 1 **B** 10
touriste *m/f* 1 **B** 10
tourner 8 **B** 79
tournoi *m* 10 **A** 98
[**Toussaint** *f* 5 57]
tout
tout l'après-midi 1 **C** 14
tout le /l'; toute la/l'; tous les; toutes les 2 **B** 20
A tout à l'heure! 8 **B** 80
tout cela 6 **B** 60
train direct *m* 4 **B** 44,6
être en **train** de faire qc 8 **A** 77
[**transporter** qn 5 57]
traité *m* 11 107
triste 1 **C** 14
trop de 3 **B** 29
Je ne sais pas trop. 7 **B** 71
trottoir *m* [2 26]; 9 89
[**trou** *m* 2 26]
troubadour *m* 10 **A** 98
se **trouver** [1 17]; 5 **A** 47
[**tuer** qn [8 86]; 11 106
[**tuile** *f* 8 84]
[**tunnel** *m* 2 27]
type *m* 5 **B** 50
[**typique** de 8 84]

U

usine *f* 1 **A** 8

V

venir 1 **B** 10
venir de faire qc 8 **A** 77
vent *m* 5 **B** 51
Il fait du vent. 6 **B** 63,4
vers 6 **B** 60
descendre vers 6 **B** 60
vers une heure 9 90
verser 3 **A** 28
viande *f* 7 **B** 70
victoire *f* 11 106
vie *f* 6 **A** 58
vieux, vieil, vieille 2 **A** 19
une vieille maison 1 **A** 8
[**vigne** *f* 8 84]
village *m* [1 17]; 6 **B** 60
vipère *f* 8 **C** 81
virage *m* 6 **B** 60
visiter qc [1 17; 2 26]; 9 93,7
vitre *f* 9 90
vitrine *f* 9 90
vivre [7 75; 8 85]; 10 **A** 97
voie *f* 4 **B** 40
partir à la voie numéro 11 4 **B** 40
voir
aller voir qn 2 **A** 19
Mais non, voyons! 2 **A** 22,2
Il faut voir ça! 6 **B** 60
voiture d'enfant *f* 1 **C** 14
volant/volante 6 **B** 60
voler *(stehlen)* 2 **A** 19
voleur *m*/**voleuse** *f* 2 **B** 20
vôtre
A la vôtre! 7 **B** 71
en **vouloir** à qn 8 **C** 81
voyager 1 **B** 11
voyageur *m*/**voyageuse** *f* 4 **B** 40
vrai/vraie [1 17]; 9 89
vue *f* 1 **C** 14

W

wagon *m* 4 **B** 41

Y

y
J'y vais. 4 **A** 38
Allons-y! 5 **B** 51
Elle y pense. 4 **B** 40
il y a plein de 9 89

Die Namen in Winkelklammern kommen im Perfectionnement vor.

Prénoms féminins

Prénoms masculins

Noms de famille

Noms de villes

Noms géographiques

Noms divers

Lautzeichen

Vokale

[a] m**a**d**a**me, M**a**rc; wie das deutsche *a*.
[e] caf**é**, mang**er**, regard**ez**; geschlossenes *e*, etwa wie in *geben*.
[ɛ] il f**ait**, il m**et**, il **est**, m**e**rci; offenes *ä*, etwa wie in *Ärger*.
[i] **i**l, l'am**ie**; geschlossener als das deutsche *i*, Lippen stark spreizen.
[ɔ] la p**o**rte, al**o**rs, b**o**l; offenes *o*, offener als in *Loch*.
[o] phot**o**, all**ô**, **au**ssi, plat**eau**; geschlossenes *o*, wie in *Rose*.
[ø] d**eu**x, monsi**eur**; geschlossenes *ö*, etwa wie in *böse*.
[œ] s**œu**r, n**eu**f, h**eu**re; offenes *ö*, bei kurzem Vokal etwa wie in *Röcke*.
[ə] l**e**, r**e**pas; der Laut liegt zwischen [œ] und [ø], näher bei [œ].
[u] r**ou**te, **où**, bonj**ou**r; geschlossenes *u*, etwa wie in *Ufer*.
[y] t**u**, r**ue**, sal**ut**; ähnlich dem deutschen *ü* in *Tür*.

Nasalvokale

[ɛ̃] **un**, bi**en**, l**un**di, terr**ain**, vois**in**; nasales [ɛ]
[õ] **on**, s**ont**, n**om**; nasales [o]
[ɑ̃] d**an**s, ch**am**bre, je pr**ends**; nasales [ɑ]

Die Nasalvokale haben im Deutschen keine Entsprechung.

Beachte: *un, lundi:* Neben [ɛ̃] hört man in Frankreich auch [œ̃] = nasales [œ].

Konsonanten

[f] **f**rère, **ph**oto; wie das deutsche *f*, in *Fibel, Photo*.
[v] **v**erre, re**v**ue, il arri**v**e; wie das deutsche *w* in *werden*.
[s] **s**œur, bi**s**cuit, **c**'est, **ç**a, ta**ss**e, récréa**t**ion; stimmloses *s*, wie in *Los*; als Anlaut vor Vokal ist *s* immer stimmlos.
[z] chai**s**e, mai**s**on, il**s**‿arrivent, **z**éro; stimmhaftes *s*, wie in *summen*; zwischen zwei Vokalen ist *s* stimmhaft.
[ʒ] **j**e, bon**j**our, **g**éographie; wie *j* in *Journalist*.
[ʃ] **ch**aise; je **ch**er**ch**e; stimmloses *sch*, wie in *schön*.
[ɲ] ma**gn**étophone; etwa wie in *Kognak*.
[ŋ] in Wörtern aus dem Englischen, z.B. campi**ng**, parki**ng**.
[r] **r**egarder, po**r**te, jou**r**; Zäpfchen-Reibelaut; wird auch am Wortende und vor Konsonant deutlich ausgesprochen.

Die nicht erwähnten Konsonanten sind den deutschen sehr ähnlich.
Bei [p], [b], [t], [d], [k], [g] ist jedoch darauf zu achten, daß sie ohne „Hauchlaut" gesprochen werden.

Halbkonsonanten

[j] b**i**en, fami**ll**e, trava**il**; weicher als das deutsche *j* in *ja*.
[w] **ou**i, t**oi**; flüchtiger [u]-Laut, gehört zum folgenden Vokal.
[ɥ] c**ui**sine, je s**ui**s, h**ui**t; flüchtiger [y]-Laut, gehört zum folgenden Vokal.

Bildquellen

Agep, Marseille: 47,1 – Anthony Verlag, Starnberg: 29,1 – Atlas-Photo, Paris: 44,1 – Bavaria Verlag, Gauting: 8,2 – Bibliothèque Nationale, Paris: 98,2,4; 104,1 – C.E.D.R.I., Paris: 10,2(b); 97,2; 84,1; 86,3 – Jacques Charmoz, Paris: 55,1 – Diatec, Lyon: 50,1; 84,3; 86,1,4 – Edimedia, Paris: 98,1,3 – Explorer, Paris: 8,5; 9,4,5; 10,1(a); 105,1 – Dr. Günter Freitag, Münster: 79,1; 80,1 – Les Editions du Gabier, Saint-Herblain: 97,1 – Gamma, Paris: 8,6; 9,1,6 – Marc Garanger, Paris: 17,1 – Photographie Giraudon, Paris: 11,3; 17,2; 18,1 – Hachette, Paris: 106,1 – Dr. Rudolf Hildebrandt, Stuttgart: 19,1; 94,3 – Dietrich Jäck, Leonberg: 19,3; 110; 111 – Monique und Reinhard Lamp, Hamburg: 94,2 – Patrick Lhotellier, Pontoise: 33,1 – Bildagentur Mauritius, Mittenwald: 8,1; 85,4,5 – Medical Tribune, Wiesbaden: 12,1 – Mohrbooks Literary Agency, Zürich: 74,1 – Photographie Guy Poupard, Paris: 94,4 – Presse Sports, Paris: 9,7 – Printemps, Paris: 11,1(b) – Rapho, Paris: 8,4; 10,3; 11,1(a) – R.A.T.P., Paris: 11,2 und hinterer Vorsatz – Jean Ribière, Perpignan: 8,3; 9,2; 10,1(b); 38,1,4; 37,1; 94,2 – Journal „Les Routiers", Paris: 58,1 – Sammer, Neuenkirchen: 10,2(a) – Agence Top, Paris: 86,2 – Roger Viollet, Paris: 40,1 – Zefa, Düsseldorf: 9,3; 19,2.

la Grande-Bretagne
Londres
Amsterdam
les Pays-Bas
Rotterdam
la République fédérale d'Allemagne
Cologne
le Rhin
Calais
la Belgique
Bruxelles
Liège
Lille
la Manche
le Luxembourg
la Moselle
Luxembourg
La France
Cherbourg
Le Havre
Rouen
la Seine
Mantes-la-Jolie
Reims
Verdun
Sarrebruck
la Marne
Châlons-sur-Marne
Metz
Brest
Versailles
PARIS
Bar-le-Duc
Nancy
Strasbourg
Quimper
Chartres
Fontainebleau
Colmar
Le Mans
Orléans
Mulhouse
Vendôme
Bâle
Tours
Dijon
Nantes
la Loire
Neuchâtel
Châtellerault
Vallorbe
la Suisse
Poitiers
Genève
La Rochelle
Chamonix
Clermont-Ferrand
l'Atlantique
Limoges
LYON
le Rhône
l'Italie
le Massif central
la Dordogne
Grenoble
Beynac
Valence
les Alpes
Bordeaux
Merlette
Montélimar
Gap
la Garonne
Orange
le Pont du Gard
Avignon
Apt
Monaco
Nîmes
Nice
la Provence
Toulouse
Castres
Montpellier
Arles
la Camargue
Cannes
Biarritz
Mazamet
MARSEILLE
Toulon
La Ciotat
Carcassonne
Foix
les Pyrénées
l'Andorre
Perpignan
la Corse
l'Espagne
Barcelone
Ajaccio
la Méditerranée

M
Lignes de Métro
RER LIGNE A RATP
RER LIGNE B RATP-SNCF
RER LIGNE C SNCF
Station ouverte de 5 h 30 à 20 h et fermée les Dimanches et Fêtes.
A
B
1
2
3
A1
C5
C7
B2
GABRIEL-PERI (Asnières-Gennevilliers)
Carrefour
Mairie de Saint-Ou
Mairie de Clichy
Garibald
Porte de Saint-Ouen
PONT DE LEVALLOIS-BÉCON
Anatole-France
Louise-Michel
Porte de Champerret
Porte de Clichy
Brochant
LA FOURCHE
PLACE DE CLICHY
Rome
Wagram
Pereire
Malesherbes
VILLIERS
Europe
Liège
Monceau
SAINT-LAZARE
Trinité
Courcelles
PONT DE NEUILLY
Les Sablons
Porte Maillot
Ternes
Saint-Augustin
HAVRE-CAUMARTIN
MIROMESNIL
Argentine
CHARLES-DE-GAULLE ÉTOILE
George V
Saint-Philippe-du-Roule
AUBER
OPÉRA
Kléber
FRANKLIN-D-ROOSEVELT
MADELEINE
PORTE DAUPHINE
Victor-Hugo
CHAMPS-ELYSÉES-CLEMENCEAU
CONCORDE
Boissière
Pyramid
TROCADÉRO
Iéna
ALMA-MARCEAU
Tuileries
Rue de la Pompe
PALAIS-R
Passy
PONT DE L'ALMA
INVALIDES
Chambre des Députés
QUAI D'OR
La Muette
La Tour Maubourg
Varenne
SOLFERINO
CHAMP-DE-MARS
Ranelagh
BIR-HAKEIM
Ecole-Militaire
Saint
Rue du Bac
Jasmin
Dupleix
Saint-François-Xavier
SÈVRES-BABYLONE
Porte d'Auteuil
MICHEL-ANGE-AUTEUIL
LA MOTTE-PICQUET
Église d'Auteuil
JAVEL
Émile Zola
Ségur
Vaneau
DUROC
Saint-
Rennes
Mirabeau
Charles Michels
Cambronne
Saint-Placide
Notre-Dam
Boulogne-J.Jaurès
Chardon Lagache
Commerce
Falguière
MONTPARNASSE BIENVENÜE
MICHEL-ANGE-MOLITOR
Félix Faure
Sèvres-Lecourbe
PASTEUR
BOULOGNE-PT DE ST-CLOUD
Exelmans
Boucicaut
Volontaires
Edgar-Quinet
Vavin
Gaîté
RASPAIL
Bd.Victor
Lourmel
Vaugirard
Porte de Saint-Cloud
Pernety
BALARD
Convention
Mouton-Duvernet
Saint-
Marcel-Sembat
Porte de Versailles
Plaisance
Billancourt
Corentin-Celton
Porte de Vanves
Alésia
MAIRIE D'ISSY
PONT DE SÈVRES
Malakoff-Plateau de Vanves
PORTE D'ORLÉANS
Malakoff-Rue Étienne Dolet
CHÂTILLON-MONTROUGE
Maquettes : Patrice Rouxel
Revente Interdite.
Propriété de la RATP.
Service du Développement Commercial.
Renseignements : 346.14.14.